# 一开口就让人喜欢你

潘鸿生 ◎ 编著

北京工业大学出版社

## 图书在版编目（CIP）数据

一开口就让人喜欢你 / 潘鸿生编著. —北京：北京工业大学出版社，2017.1（2022.3 重印）

ISBN 978-7-5639-5027-0

Ⅰ.①一… Ⅱ.①潘… Ⅲ.①口才学－通俗读物 Ⅳ.①H019-49

中国版本图书馆 CIP 数据核字（2016）第 279123 号

一开口就让人喜欢你

| | |
|---|---|
| 编　　著： | 潘鸿生 |
| 责任编辑： | 张　悦 |
| 封面设计： | 周　飞 |
| 出版发行： | 北京工业大学出版社 |
| | （北京市朝阳区平乐园 100 号　邮编：100124） |
| | 010-67391722（传真）　bgdcbs@sina.com |
| 经销单位： | 全国各地新华书店 |
| 承印单位： | 唐山市铭诚印刷有限公司 |
| 开　　本： | 787 毫米×1092 毫米　1/16 |
| 印　　张： | 14 |
| 字　　数： | 203 千字 |
| 版　　次： | 2017 年 1 月第 1 版 |
| 印　　次： | 2022 年 3 月第 4 次印刷 |
| 标准书号： | ISBN 978-7-5639-5027-0 |
| 定　　价： | 39.80 元 |

版权所有　翻印必究

（如发现印装质量问题，请寄本社发行部调换 010-67391106）

# 前　　言

　　口才是一种技巧，更可作为一门艺术。一句恰到好处的话，可以改变一个人的命运；一句不得体的话，也可以毁掉一个人的一生。生活中，会说话的人能把普通、平常的话题讲得引人入胜，嘴笨口拙者即使所讲的内容再好，听起来也会让人觉得索然无味。会说话的人能把许多建议一说就通，而不会说话者却连诉说的对象都没有。有人说："好胳膊好腿，不如长个好嘴。"这句话的确有道理，在某种情况下，"好嘴"确实能比"好胳膊好腿"创造出更大、更多的价值。

　　"发生在成功人士身上的奇迹至少有一半是由口才创造的。"美国人类行为科学研究学者汤姆森如此断言。综观古今，古有战国苏秦游说数国不辱使命，不战而屈人之兵；三国孔明力排众议，舌战群儒。近有革命领袖宣传爱国救亡道理，风起云涌；今有诸多商界骄子激情演讲，一展才能。这一切都是通过口才得以实现的。可以说，口才是自我综合素质与智慧的展现。因此，练就好的口才不仅可以提升自身的形象和社交能力，更可以使你在工作中提升业绩，成就事业。

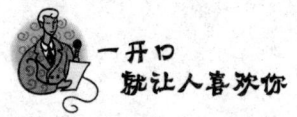

有"口"走遍天下，无"口"寸步难行。在求职面试中，你的口才是否足以打动招聘者的心，让他们录用你？在日常工作中，你的口才是否足以打动你的上司、同事、下属的心，让他们支持你？在谈判桌上，你的口才是否足以打动你的生意伙伴的心，让他们心甘情愿跟你合作？在顾客的大门口，你的口才是否足以打动顾客的心，让他们义无反顾买下你的产品？如果你把"话"说成功，这些事情都能成功。

美国总统林肯曾经说过："口才是社交的需要，是事业的需要。一个不会说话的人无疑是一个失败者。"现实生活对此也有印证，会说话的人不仅在人际交往中招人喜欢，而且如鱼得水、事业有成。而那些不善表达、言辞笨拙的人就往往容易吃亏，甚至栽跟头。口才的价值已经达到了不可估量的高度，说话的技术将有助于人们的成功之途。语言是用来应付这个社会的一种利器，一个好的工具会让我们获得更多的成果，赢得更好的未来。若能掌握一系列行之有效的说话技巧，在第一时间就说对话，那么将会得到截然不同的沟通效果与意想不到的满意收获。所以，口才的巨大威力与价值是人们所想象不到的。而你只有拥有了良好的口才，才可能在人生路上少走弯路。掌握高超的说话技巧、说话智慧，能够让你在各种场合下都轻松应对，找到打开财富之门的"金钥匙"。如果你想在社会中立足，那么你必须拥有一流的口才。因为只有拥有了好口才，你才能成为真正的赢家！

本书用精练的语言、睿智的话语、全新的理念，将理论与实践相结合，深入浅出地向你揭示胜人一筹的说话本领；本书是一本内容全面、技巧丰富、方法实用的说话技巧"工具书"。希望此书可以为你的人生提供有效的帮助，让你的口才艺术更上一层楼，使你的人际关系网扩展得越来越广。

# 目 录

## 第一章 初次见面，这样说话让人印象深刻

笑着说话更讨人喜欢 …………………………………… 003

初次见面，自我介绍要得体 …………………………… 006

主动打招呼，让彼此熟悉起来 ………………………… 009

运用眼神说话，增强你的吸引力 ……………………… 011

找好话题，把握好说话的主动权 ……………………… 014

第一次就记住对方的名字，赢得对方的好感 ………… 017

## 第二章 打动人心，把话说到人的心坎里

真诚的话最能打动人 …………………………………… 023

见人说人话，见"鬼"说"鬼"话 …………………… 026

适宜的场合说适宜的话 ………………………………… 029

讲究赞美的技巧，说得对方心里舒坦 ………………… 032

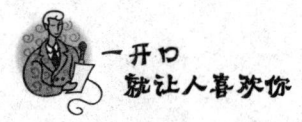

巧妙拒绝，让对方愉快地接受 …………………… 035
学会倾听是对他人最好的尊重 …………………… 039
投其所好，谈对方感兴趣的话题 ………………… 042

## 第三章 开口见心，心口结合的说话技巧

以退为进更能达到预期的目的 …………………… 049
换位思考，你会发现不同的一面 ………………… 052
迂回说话，绕着弯子说服对方 …………………… 056
制造心理共鸣，让他人自觉地认同你 …………… 059
利用权威效应，诱使对方坚信不疑 ……………… 062
巧妙激将，让对方就范 …………………………… 065
利用"自己人效应"说服他人 …………………… 069

## 第四章 笑傲职场，用语言魅力增强自身影响力

巧妙进言，让领导心悦地接受 …………………… 075
不断地肯定和赞扬你的下属 ……………………… 078
以商量的口吻对员工下达命令 …………………… 083
与同事说话的语言技巧 …………………………… 086
良药不苦口，批评下属有技巧 …………………… 090
如何向领导提出加薪的请求 ……………………… 093

# 目 录

## 第五章 能说会道，就这样打动客户的心

唤起客户的好奇心 ..................... 099
有效的提问，让你赢得客户 ............. 102
越明确的数字资料越能给人信任感 ....... 107
快速成交的口才技巧 ................... 110
运用心理战术，赢得客户的心 ........... 115
客户对什么感兴趣，你就谈什么 ......... 119

## 第六章 巧词妙语，在谈判中占据主动

事先做足功课，掌握谈判的主动权 ....... 125
投石问路，打探对方真实意图 ........... 128
适时沉默，无声胜有声 ................. 132
轻松回答对方的提问 ................... 136
转移话题，打破谈判僵局 ............... 139
不要轻易地做出单方面让步 ............. 143

## 第七章 妙语应变，创造轻松的交往气氛

巧妙打圆场，帮他人夺回面子 ........... 149
自我解嘲，谈笑间打破窘局 ............. 153

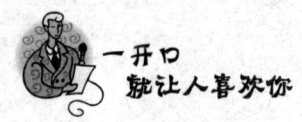

临危不乱，言语在胸冷静应对麻烦事 …………………… 156

面临窘境，用幽默与其周旋 …………………………… 159

给人留面子，别让对方下不了台 ……………………… 162

恰当的幽默更能体现你的智慧 ………………………… 166

## 第八章　出口成章，我为演讲狂

突破恐惧，演讲从此不紧张 …………………………… 173

巧妙开场，一句话引起听众的兴趣 …………………… 176

学会讲故事 ……………………………………………… 180

巧用道具，让你的演讲更生动 ………………………… 182

完美收尾，让听众记住你的演讲 ……………………… 184

## 第九章　小心雷区，有些话还是不说为妙

看情况说话，别"哪壶不开提哪壶" …………………… 191

别人的隐私，要么拒之门外，要么烂在肚里 ………… 194

不咄咄逼人，要得理饶人 ……………………………… 197

不要乱开玩笑，否则会惹人反感 ……………………… 200

提高说话质量，尽量通俗易懂 ………………………… 203

不要与人进行不必要的争论 …………………………… 206

把话说到点子上，不要喋喋不休 ……………………… 209

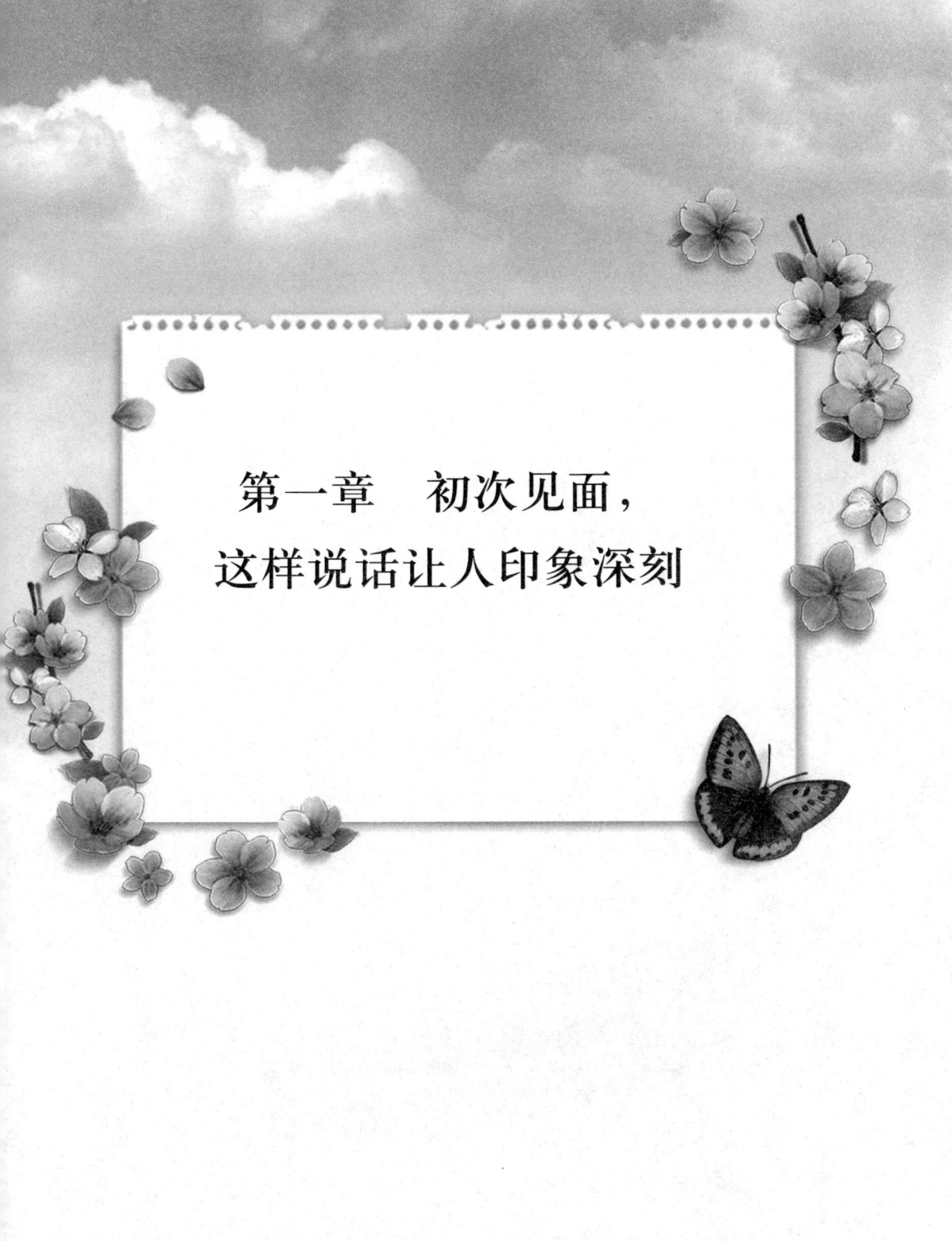

# 第一章　初次见面，这样说话让人印象深刻

第一章 初次见面，这样说话让人印象深刻

## 笑着说话更讨人喜欢

在这个世界上，有一种全人类的共同语言，它就是"微笑"。笑容是有魔力的，它会感染身边的人，使得办事过程中人与人之间的关系更加融洽。

微笑是人类最动听的语言。真诚自然的微笑会让一个人变得魅力十足。微笑传达的是人们心中的一份自信和坦然，这样人们的气场就会传达出积极向上的能量，使人与人之间更亲近、更真诚地沟通。

有一位叫玛丽的小姐去参加法国航空公司的招聘。她没有关系，也没有熟人，更没有先去打点，完全是凭着自己的本领去争取。结果她被聘用，原因很简单，那就是因为玛丽小姐脸上总带着微笑。

但是玛丽在面试的时候，主试者在讲话时总是故意把身体转过去背着她。你不要误会这位主试者不懂得礼貌，而是他在体会玛丽的微笑，感觉玛丽的微笑。因为玛丽的工作是通过电话完成的，是有关预约、取消、改签或确定航班的事情。

那位主试者微笑着对玛丽说："小姐，你被录用了。你最大的资本是你脸上的微笑，你要在将来的工作中充分运用它，让每一位顾客都能从电话中体会到你的微笑。"

微笑具有挡不住的魅力。一位学者说："对人微笑是高超的社交技

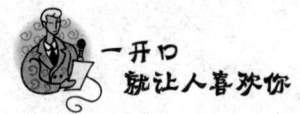

巧之一，也是获得幸福的保障。人只要活着、忙着、工作着，就不能不微笑……"微笑是人类最动人的一种表情，是社会生活中美好而无声的语言，它来源于心地的善良、宽容和无私，表现的是一种坦荡和大度。微笑是成功者的自信，是失败者的坚强；微笑是人际关系的黏合剂，也是化敌为友的一剂良方。

微笑是世界上最美的表情，是最动听的无声语言，是社交中最有力的武器。要想在社交中成为主角，就必须牢牢地把握住最有力的武器——微笑。无论你在什么地方，无论你在做什么，人与人之间简单的一个微笑是最为普及的语言，它能够消除人与人之间的隔阂。人与人之间距离可以通过微笑缩短，你和他人的心灵也可以通过微笑得到交流和抚慰。

张芳在一列新开通的动车上做列车员。有一次，一名男乘客正准备在列车上吸烟，他已经把烟拿了出来。她微笑着对对方说："先生您好，本次列车不允许吸烟。"听了她的劝告，这名乘客立刻将刚拿出来的烟收了起来。可张芳刚离开没多久，就发现这名乘客又拿出了烟，并且已经点燃了。她再次上前微笑着说："先生您好，本次列车不允许吸烟！"这名乘客随后瞪了她一眼，将烟掐灭了。

大概过了一个小时，在两节车厢的交接处，张芳发现这名乘客又拿出了烟。尽管张芳对此特别有意见，但她仍然微笑着再次走到对方的面前说："先生，对不起，本次列车不允许吸烟，希望您谅解。"这次吸烟的乘客不耐烦了，他生气地问道："这我还真不明白了，你能和我说说为什么列车上不能吸烟吗？我也不是没坐过火车，每次坐火车都可以吸，怎么就你这么麻烦？"

张芳没有任何不高兴的表情，仍然微笑着对他说："本次列车和以往的列车有所不同。本次列车行进的时速太快，吸烟容易带来危险。所以，还是请您见谅。"解释完，她仍然微笑着看着对方。吸烟的乘客一

## 第一章 初次见面，这样说话让人印象深刻

时间不知说什么好，只是无奈地说："好，这次真不抽了。""谢谢您的合作。"张芳继续微笑着答道。

试想一下，如果在对方不耐烦时，张芳当时不是微笑着解答疑问，那么也许对方就会和她争执起来。从张芳成功说服乘客不在列车上吸烟的过程中，我们不难发现，她最大的特点便是不管乘客的态度如何，她一直微笑着面对对方，进而让对方在她的微笑面前只能无奈地接受。

微笑是一种武器，是一种寻求和解的武器。微笑能将怒气挡在对方体内，阻止他的进攻。微笑是一缕春风，能化开久冻的坚冰；微笑是一滴甘露，能滋润久旱的心田；微笑是人们脸上高尚的表情，温馨而怡人。无论是在生活中，还是在工作中，只要你不吝惜微笑，往往就能够左右逢源、顺心如意。这是因为微笑能表现出自己的友善、谦恭、渴望友谊的美好的感情因素，是向他人发出的理解、宽容、信任的信号。

我们的生活中不能没有微笑。一位诗人曾经这样写道："你需要的话，可以拿走我的面包，可以拿走我的空气，可是别把你的微笑拿走。因为生活需要微笑，也正因为有了微笑，生活便有了生气。"的确，我们的生活中不能没有微笑。微笑是你亲近他人最好的介绍信。微笑的表情是一种诚意和善良的象征，是愉悦别人的一种良好形象，同时也是引起兴趣和好感的催化剂。

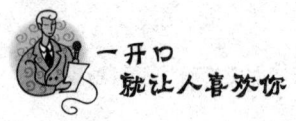

# 初次见面，自我介绍要得体

在日常生活和工作中，人与人之间需要进行必要的沟通，以寻求理解、帮助和支持。自我介绍是最常见的与他人认识、沟通、增进了解、建立联系的方式。

在有些情况下，自我介绍的内容很简单，只要讲清姓名、身份、目的、要求即可。例如某建筑公司采购员到某钢厂买钢材。采购员一进供销科的门，就对坐在办公桌边的一位先生说："您好！我是某某建筑公司的采购员，来你厂买圆钢，希望你能帮忙。"说着掏出介绍信。那位先生接过介绍信一看，赶忙说："我叫李来顺，是厂里的推销员，咱们坐下来谈谈。"通过这样一番简单的自我介绍，钢材贸易的大门打开了，洽谈有了一个良好的开端。

"开门见山"是最常见的自我介绍方法，有人认为这是一种笨拙的方法。然而，选择恰当的词句，简洁明快地将自己的姓名、个性、特长、爱好等内容全部或部分直接叙述给对方，在平实的言语中蕴含灵秀，同样会给人留下较深的印象。

我国喜剧表演艺术家王景愚曾做过一次经典的自我介绍：

我就是王景愚，表演《吃鸡》的那个王景愚。人称我是多愁善感的喜剧家，实在是愧不敢当，我只不过是个"走火入魔"的哑剧迷罢了。你看我这40多千克的瘦小身躯，却经常负荷许多忧虑与烦恼，而这些忧

## 第一章 初次见面，这样说话让人印象深刻

虑与烦恼又多半是自找的。我不善于向自己敬爱的人表达敬与爱，却善于向自己所憎恶的人表达憎与恶，然而我胆子并不大。我虽然很执拗，却又常常否定自己。否定自己既痛苦又快乐，我就生活在痛苦与欢乐的交织网里，总也冲不出去。在事业上人家说我是敢于拼搏的强者，而在复杂的人际关系面前，我又是一个心无灵犀、半点不通的弱者。因此，在生活中，我是交替扮演强者和弱者的角色。

王景愚的自我介绍很有特点，给人留下了深刻的印象，让更多的人认识和了解了他。

与人初次相见，一个巧妙的自我介绍无疑为你和陌生人之间搭起了一座沟通的桥梁，是成功交际的第一步。每一个沟通高手与陌生人交谈时，都知道如何巧妙地介绍自己，从而博得对方的好感。

杨丽君来到新公司，先去新上司王主管那里报到。因为面试的时候见了几次，所以两人并不生疏。王主管带她到工作岗位上，向大家宣布这是他们的新同事，并让杨丽君自我介绍一番。

杨丽君先微笑着环视四周，然后开口道："大家好！我叫杨丽君。其实，我们应该是好几年的同事了！"大家的脸上都露出了迷惑不解的神情。

杨丽君再次开口道："如果三年前的某天，小偷没有把我的手机偷走的话，我就有可能接到公司给我打的面试电话，我就有可能参加面试，或许就能早几年成为你们的同事了，不是吗？"

听到这话，大家才明白过来，都哈哈一笑。杨丽君又顺势向大家简单地介绍了自己，并请大家多多关照。同事们都热心地说没问题，还有一个比较幽默的男同事说："反正都好几年的同事了，有什么事尽管说！大家都能给你出主意。"

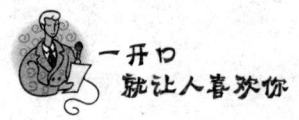

自我介绍是一个人的"亮相",人们的评价就从此时开始。在某种意义上来说,自我介绍是社交活动的一把钥匙。这把钥匙如果运用得好,可使你在以后的活动中得心应手;反之,已造成的不良的第一印象,也会使你觉得困难重重。那么,应该怎样做自我介绍呢?交往心理学家为我们提出了几点建议:

(1)注意内容:自我介绍的内容,通常包括本人姓名、年龄、籍贯、学历、简历、特长、兴趣等。至于是否要"和盘托出",你可根据交际的目的、场合、时限和对方的需要等做出恰当的判断,尽量使介绍能满足对方的期待。

(2)注意时间:进行自我介绍一定要力求简洁,尽可能地节省时间。通常以半分钟左右为佳,如无特殊情况最好不要多于一分钟。为了提高效率,在做自我介绍的同时,可利用名片、介绍信等资料加以辅助。

(3)讲究态度:进行自我介绍,态度一定要自然、友善、亲切、随和。应落落大方、彬彬有礼。既不能唯唯诺诺,又不能虚张声势、轻浮夸张。进行自我介绍要实事求是、真实可信,不可自吹自擂、夸大其词。气息要自然,语速要正常,语音要清晰。

(4)注意方法:进行自我介绍时应先向对方点头致意,得到回应后再向对方介绍自己。如果有介绍人在场,自我介绍则被视为是不礼貌的。应善于用眼神表达自己的友善,表达关心以及沟通的渴望。如果你想认识某人,最好预先获得一些有关他的资料或情况,诸如性格、特长及兴趣爱好等。这样在自我介绍后,便很容易融洽交谈。在获得对方的姓名之后,不妨口头加重语气重复一次,因为每个人都乐意听到自己的名字。

(5)注意时机:当你与陌生人初次见面时,必须及时、简要、明确地做自我介绍,让对方尽快了解你。相反,见面时相互凝视半天,你仍沉默或前言不搭后语,这样对方会很不愉快,甚至会产生许多疑问,使之不愿意与你交往。当然，若对方正与他人交谈，或大家的精力正集中在某人、某事上，则不宜做自我介绍；而对方一人独处时进行自我介绍，则会产生良好的效果。

## 主动打招呼，让彼此熟悉起来

在人际交往中，打招呼是联络感情的手段之一，是沟通心灵的方式和增进友谊的纽带。所以，我们绝对不能轻视和小看打招呼。而要有效地打招呼，首先应该是积极主动地跟别人打招呼。

主动向别人打招呼能拉近双方之间的距离，即使是一句简单的"早安"或"您好"，一旦说出了口，双方都有了亲切、友好的感觉，不仅增进了信任，还拉近了彼此之间的距离。

但遗憾的是，生活中有很多人不重视打招呼，觉得经常见面的人用不着每次看见都打招呼；而对于不太熟悉的人，又觉得打招呼怕对方认不出自己来会造成尴尬；还有些人不愿意先向别人打招呼，他们总是在心里想："我为什么要先向他打招呼？"其实，我们完全可以通过打招呼让自己更加吸引人。特别是你为了拓展业务、广交朋友的时候。

乔·吉拉德是美国汽车销售界的传奇人物，被称为汽车销售大王，他没有三头六臂，也没有强硬的后台支持，他的秘诀就是主动打招呼，让你觉得他和你很熟悉，就像昨天刚刚一起喝过咖啡、聊过天似的。

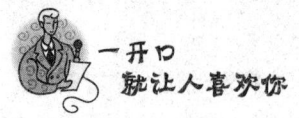

"哎呀，老兄，好久不见，你到哪里去了？"假如你曾经和乔·吉拉德见过面，你一进入他的展区就会看到他那迷人的、和蔼的笑容，他朝你热情地打着招呼，呼喊着你的名字，似乎你昨天刚刚来过，完全不介意你们也许又好几个月没见面了。

他这样亲切，让本来只是想随便看看车子的你产生了一点局促不安："我只是随便转转，随便看看。"

"来看望我必须要买车吗？天啊，那我不就成了孤家寡人了？不管怎么样，能够见到你我就感到很高兴！"

吉拉德几句话就让你的尴尬和局促消失得无影无踪，也许你会跟他到办公室坐坐，聊一会儿天，喝几杯茶，爽朗而不放肆地大笑一气。当你起身告别的时候，你的心里会产生一种恋恋不舍的感觉，这个时候，你的购买欲望会变得更加强烈，原本的购置计划也许会提前落实。

对于陌生的顾客，吉拉德也有自己的一套办法。一天，一个建筑工人来到了他的展位，吉拉德与他打完招呼后，并没有着急介绍自己的商品，而是和工人谈起了建筑工作，吉拉德一连问了好几个关于施工队的问题，每个问题都围绕着这位建筑工人设计，比如"您在工地上做什么具体工作"、"你是否参与过建造附近哪片小区"等。几个问题下来，他和这位建筑工人成了无话不谈的好朋友，建筑工人不但非常信赖地把挑选汽车的任务交给了他，而且还介绍他和自己的同事们认识，使吉拉德获得了更多的商机。

主动向别人打招呼不仅可以让别人心情畅快、给人留下好感，还可以为你的事业带来帮助。

打招呼是给对方带去好印象的第一步。打招呼其实是想向对方传递一种信息。这是为了使双方更加亲近的非常重要的行为。这不仅是接触的第一步，也是所有人际关系的起点。

第一章 初次见面，这样说话让人印象深刻

人是很容易被打动的，有时候，仅仅是一个热情的问候也可以融化冰山。所以说，打招呼是人际交往中的润滑剂，它能有效拉近双方的距离。

打招呼不仅仅是你呼我应的一种礼仪，更重要的是，它是爱的桥梁与纽带，架起人与人之间的尊重、平等，传递着亲人般的爱。

## 运用眼神说话，增强你的吸引力

眼神又称目光语，是运用眼的神态和神采来表达感情、传递信息的无声语言。如果说脸面是"心灵的镜子"，那么，眼睛就是"心灵的窗户"了。俗话说："眼睛会说话，眉毛会唱歌。"在体态语言中，眼睛最能倾诉感情、沟通心灵。眼神千变万化，表露着人们丰富多彩的内心世界。

"一身精神，具乎两目"。眼睛具有反映深层心理的特殊功能。据专家们研究，眼神实际上是指瞳孔的变化行为。瞳孔是受中枢神经控制的，它如实地显示着大脑正在进行的一切活动。瞳孔放大，传达正面信息（如爱、喜欢、兴奋、愉快）；瞳孔缩小，则传达负面信息（如消沉、戒备、厌烦、愤怒）。人的喜怒哀乐、爱憎好恶等思想情绪的存在和变化，都能从眼睛这个神秘的器官中显示出来。因此，眼神与谈话之间有一种同步效应，它忠实地显示着说话的真正含义。

在说话实践中，说话人如果能恰当地运用眼神，可大大增强有声语言的表达效果。如平日与人交往中，说话人如果用眼神和对方保持联系，眼睛流露出热情、真诚的神色，就会使对方感到你对他的欢迎和尊重，认为你是可

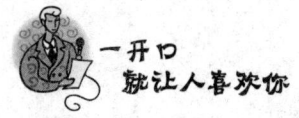

信赖的人，从而掏心窝把什么话都跟你谈。

有的人不懂得眼神的价值，以至于在某些时候感到眼睛成了累赘，于是总习惯于低着头看地板或盯着对方的脚，要不就"顾左右而言他"，这是很不利于交谈和发挥口才的。要知道，人们常常更相信眼睛。谈话中不愿进行目光接触者，往往叫人觉得在企图掩饰什么或心中隐藏着什么事；眼神闪烁不定则显得精神上不稳定或性格上不诚实；如果几乎不看对方，那是怯懦和缺乏自信心的表现。这些都会妨碍交谈。

严雪萍是某外企公司的公关部经理，被邀请参加一个世界著名公司的人际关系培训班结业典礼。严雪萍打算在了解公司讲师的素质后再决定自己是否参加培训。

她坐在前排右边，看着那些结业的人用被强化训练出来的积极热情的语言，振奋地表达自己的体会。那位主讲老师的脸上始终挂着定格的笑容，但是严雪萍总感到有什么使她困惑。她无法捉摸那笑容的背后到底是真诚还是客套，她无法相信那张脸的诚意，更无法被那个标准的肌肉造型的笑容感染。典礼结束时，严雪萍走向那位讲师做自我介绍，在他们握手的一刹那间，严雪萍与她的眼睛直视，严雪萍这才明白：原来困扰她的是讲师的那双眼睛。

严雪萍形容那双眼睛："看起来阴冷、高深莫测、虚实不定。那双眼睛对我并没有兴趣，它只是漠然地在我身上扫了一遍。这双眼睛与他的笑脸是那么不和谐，这双眼睛里没有一丝笑意和温暖。我的困惑终于解除了，原来他的笑是强化培训出来的职业笑容。他的心中并没有笑容，这些全都能通过眼睛表现出来。眼睛是心灵的窗口，一个只有脸上微笑，心灵没有微笑的人能是一个优秀的人际关系讲师吗？他不可能告诉我他自己都不懂得的事情。"严雪萍最终没有参加这个公司的培训班。

## 第一章 初次见面，这样说话让人印象深刻

现实生活中，总有一些人对此不重视，在小范围的交谈中，如讨论、聚会之时，旁若无人，目光到处乱扫，有时看天花板，有时看桌上的摆设，给人的印象是故意避开别人的视线。这是胆怯、心虚的一种表现，它会使说话的效果大为减弱。所以，说话时应抬起你的头，把目光转向倾听者。一般来说，如果你在整个谈话中只是偶尔注视对方，这是不适宜的。因为这表明你有怯场的态度和表情，不但使人感到尴尬，而且会使人对你的话产生怀疑，因为你的表情说明你并没有自信心。

每天人们都是用目光默默无声地互通信息，目光在面对面的沟通交流中起着重大的作用，它决定着你能否有效地与对方交流。一个不能运用目光沟通的人不会是个高效的交流者。

正确使用目光，必须掌握相关要领。一般来说，它包括以下内容。

（1）善于捕捉对方的目光。与人交谈要善于听其弦外之音，善于从对方的眼神中看出其期待和需求，及时给予。如果对方的要求无理，也应立即采取或明或暗的措施，打消他们的念头。

（2）注意凝视的部位。与人交谈时应正面凝视对方的眼睛及面部，目光宜柔和，凝视时间不宜过长，可在交谈过程中不时地稍微移动一下目光，但移动次数同样不宜过多。

（3）视线要与对方保持相应的高度。对话过程中要尽量使自己的目光和对方正视，这样显得更有礼貌、更加诚恳，从而引起对方的好感。比如当你站着和坐着的对象说话时，应该稍微弯下身子，以求拉平视线；和小孩对话时，则应该蹲下使视线和小孩的眼睛一样高。

（4）不能总是盯着对方。英国人体语言学家莫里斯说："眼对眼的凝视只发生于强烈的爱或恨之时，因为大多数人在一般场合中都不习惯于被人直视。"长时间的凝视有一种蔑视和威慑功能，有经验的警察、法官常常利用这种手段来迫使罪犯坦白。因此，在一般社交场合不宜使用凝视。研究表明，交谈时，目光接触对方脸部的时间宜占全部谈话时间的30%~60%，超

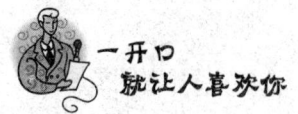

过这一阈限，可认为对对方本人比对谈话内容更感兴趣，低于这一阈限，则表示对谈话内容和对对方都不怎么感兴趣。后二者在一般情况下都是失礼的行为。但是集会中的独白式发言，如演讲、做报告、发布新闻、产品宣传等则不一样，因为在这些场合讲话者与听众的空间距离大，必须持续不断地将目光投向听众，或平视，或扫视，或点视，或虚视，才能跟听众建立持续不断的联系，以收到更好的效果。

人的眼部的表情丰富多样，在人际交往中，对于情感表达、传情达意都有十分重要的作用。眼睛通常能够传达出人们内心的真正想法，同样，你也可以利用眼神促进沟通。在与人交谈时，适当注视对方，适时给予他人真诚的微笑，让人感受到你的礼貌、热情和友好，可以起到感染对方的作用，同时，也能表现出你内在的修养。

# 找好话题，把握好说话的主动权

所谓主动权就是在交谈中要学会没话找话的本领。所谓"找话"就是"找话题"，找交谈的切入点。找到了一个好话题，就能使谈话顺利地进行下去，使双方的谈话更加融洽自如，达到融洽、不尴尬的目的。

好的话题是初步交谈的媒介、深入细谈的基础、纵情畅谈的开端。好话题的标准是：至少有一方熟悉，能谈；大家感兴趣，爱谈；有展开探讨的余地，好谈。

## 第一章 初次见面，这样说话让人印象深刻

有一次，有一位业务员去一家公司销售电脑，他看到这位公司老总的书架上放着几本金融投资方面的书。这名业务员刚好对于金融投资比较感兴趣，所以，就和这位老总聊起了投资的话题。从股票聊到外汇，从保险聊到期货，聊人民币的升值，聊最佳的投资模式，两个人聊得热火朝天，忘记了时间。最后当谈到业务员销售的产品时，老总毫不犹豫，顺利地和他签约了。

在人际交往中，要想很好地与他人交流，关键是学会"没话找话"，和对方有共鸣。很多人怕与陌生人交往，主要是和陌生人不知道说什么，感觉总找不到话题交流。其实只要你做个有心人，谈话时多加留意，就不难发现彼此对某一问题有相同的观点，或者有共同的爱好和兴趣、共同的关注点，就此可以顺利地展开交谈。

怎样才能找到好话题呢？

（1）留心观察。一个善于观察事物、分析问题、处理矛盾的人，只要把寻找话题的着眼点放在他人身上，话题就会取之不尽用之不竭。一个人的心理状态、精神追求等，都或多或少地要在他们的表情、服饰、谈吐、举止等方面有所表现，只要你善于观察，就会发现你们的共同点。例如，他和你一样都穿了一双耐克气垫运动鞋，你就可以以耐克鞋为话题开始你们的谈话。

（2）以话试探。两个陌生人相对无言，为了打破沉默的局面，首先要开口讲话，可以采用自言自语的方式，例如，"天太冷了"，对方听到这句话便可能会主动回答将谈话进行下去。还可以以动作开场，随手帮对方做点事，如推下行李箱等；也可以发现对方口音特点，打开开口交际的局面，例如，听出对方的东北口音可以说："您是东北人吧？"以此话题便可展开。

（3）循趣发问。问明他人的兴趣，循趣发问，能顺利地进入话题。每个人都有自己的兴趣爱好，即使一个再沉默寡言的人，只要与人谈起他的兴趣爱好，他也会口若悬河。如对方喜爱象棋，便可以此为话题，谈下棋的情趣，车、马、炮的运用，等等。如果你对下棋略通一二，那么肯定谈得投

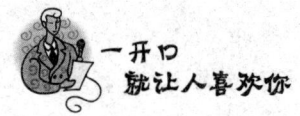

机。如你对下棋不太了解,那也正是个学习机会,可静心倾听,适时提问,借此大开眼界。你也可以先谈谈自己的兴趣爱好,来个抛砖引玉,然后在彼此的兴趣爱好里寻求共同点,以此增进了解、深化感情,并把彼此兴趣爱好扩大到一个广阔的领域。

（4）以对方为话题。人们往往千方百计地想使别人注意自己,但大部分的"成绩"都令人失望,因为他不会关心你、我,他只会关心他自己。因此,以对方作为谈话的开端,往往能令他人产生好感。赞美陌生人的一句"你的衣服搭配得真好"、"你的发型很新潮"。能使他快乐并且缓和彼此的生疏。也许,我们大多数人都没有说这话的勇气,不过我们可以说:"您看的那本书正是我最喜欢的",或是"我看见您走过那家便利店,我想……"

（5）细加揣摩,仔细分析。为了发现与陌生人的共同点,应该留心那些你需要交际的人跟别人的谈话,对他们的谈话进行分析。如果你能够与这样的人直接谈话,更要认真揣摩对方的话语,从中发现共同点。

在广州的一家大型百货商场,一位南海舰队的军官对服务员说:"请你给我找一件特大号的服装。"

这位军官是苏北人,把"我"说成了地道的苏北土语。同时,另一位在广州陆军部队的军官,听了这句话,也用手指着货架上的某一商品对营业员说了一句相同的话,两句话里都透着苏北乡土气息。

两位陌生人相视一笑,各自买了要买的东西,出门就谈了起来,从老家问到部队,从眼下任务谈到这些年来走过的路,并介绍着各自将来的打算。

身在异乡的一对老乡的亲热劲儿,不知情的人怎么也不会相信是因为揣摩对方一句家乡话而带来的。可见,细心揣摩对方的谈话确实可以找出双方的共同点,使陌生的路人变为熟人,近而发展成为朋友的。

第一章　初次见面，这样说话让人印象深刻

# 第一次就记住对方的名字，赢得对方的好感

在和陌生人交往的过程中，记住对方的名字很重要。只要能够记牢对方的姓名，可以快速拉近彼此的距离，使对方对你产生良好的印象。

俗话说：人过留名，雁过留声。姓名是人的标志，人们出于自尊，总是很珍爱它，同时也希望别人能尊重它。美国总统罗斯福说过："交际中，最明显、最简单、最重要、最能得到好感的方法，就是记住人的名字。"踏入社会和人交往的第一秘诀就是记住他人的名字，因为记住一个人的名字，是尊重一个人的开始，也是与人有效沟通的第一步。

推销员希得·李维曾经遇到一个名字非常难念的顾客。他叫尼古玛斯·帕帕都拉斯，别人因为记不住他的名字，通常都只叫他"尼古"。而李维在拜访他之前，特别用心地反复练习了几遍他的名字。当李维见了这位先生以后，面带微笑地说："早安，尼古玛斯·帕帕都拉斯先生"。

"尼古"简直是目瞪口呆了。过了几分钟，他都没有答话。最后，他热泪盈眶地说："李维先生，我在这个小镇生活了三十五年，从来没有一个人试着用我的真正的名字来这么称呼我。"当然，尼古玛斯·帕帕都拉斯最终成了李维的顾客。

由此可见，记住对方的名字是极为重要的。这既表现出了你对对方的

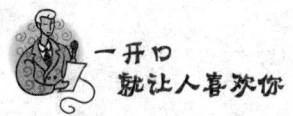

重视，同时，也让对方感到你的亲切，如此一来，对你的好感也就油然而生了。抓住了对方的这一心理特征，你就轻松地赢得了交际的第一回合。

吉姆·佛雷10岁那年，父亲就意外地丧生了，留下他和母亲及另外两个弟弟。由于家境贫寒，他不得不很早就辍学，到砖厂打工赚钱贴补家用。他虽然学历有限，却凭着爱尔兰人特有的热情和坦率，处处受人欢迎，进而转入政坛。最叫人佩服的是，他还有一种非凡的记人本领，所有认识的人，他都能牢牢记着对方的全名，而且只字不差。

吉姆连高中都没读过，但在他46岁那年就已有四所大学颁给他荣誉学位，并且高居民主党要职，最后还担任邮政部长之职。

有一次有记者问起他成功之秘诀。他说："辛勤工作，就这么简单。"记者有些疑惑，说道："你别开玩笑了！"

他反问道："那你认为我成功的原因是什么？"

记者说："听说你可以一字不差地叫出一万个朋友的名字。"

"不。你错了！"他立即回答道，"我能叫得出名字的人，少说也有五万人。"

这就是吉姆·佛雷的过人之处。每当他刚认识一个人时，他定会先弄清他的全名，他的家庭状况，他所从事的工作以及他的政治立场，然后据此先对他建立一个概略的印象。当他下一次再见到这个人时，不管隔了多少年，他一定仍能迎上前去在他肩上拍拍，嘘寒问暖一番，或者问问他的老婆孩子，或是问问他最近的工作情形。有这份本领，也难怪别人会觉得他平易近人、和蔼可亲。

姓名是世界上最美妙的字眼，每个人都十分看重自己的姓名。记住别人姓名，并真诚地叫响别人的姓名，它意味着我们对别人的接纳，对别人的尊重，对别人的诚心，对别人的关注。

## 第一章 初次见面，这样说话让人印象深刻

古人云："不知礼，无以立也；不知言，无以知人也。"记住别人的名字，不仅传递了你对别人的尊重，满足了人类基本的心理需求，拉近了人与人之间的距离，产生其他礼节所达不到的效果，也体现了一个人的知识、涵养和魅力所在。

在一家公司的员工年会上。上任不到半年的总经理举着盛满红酒的玻璃杯，走到员工的餐桌前和大家干杯。大家看见总经理驻足在面前，不约而同地都站立了起来，以示尊重。然而这位总经理大声说道：

"尊敬的员工们，现在我提议，我站着，大家坐着，当我叫出谁的名字的时候，就请谁站立起来，和我碰一下杯，至于酒嘛，就请随意喝一口，互相不要勉强，好吗？"

大家异口同声地"好"了一声后，都眨巴着疑惑的眼睛看总经理，他难道真能叫出每一位员工的名字？要知道，参加年会的员工有360位。这时，只见总经理举着酒杯，走到一位员工面前，先是立刻非常准确地叫出这位员工的名字，接着再报出其工号，并和这位员工轻轻地碰一下杯，道一声："辛苦了，公司不能没有您，谢谢您！"抿上一口红酒，紧紧地和这位员工拥抱一下，如果是女士，则要紧紧地握一下手，完毕了做一个"请坐"的绅士手势，然后再走至下一位员工前。

当他准确无误地叫出最后一位员工名字的时候，全体员工都不约而同地站了起来，使劲地鼓着掌，在经久不息的掌声中，360位员工的敬意目光一齐投向这位总经理。而总经理呢，似乎也被这一情景感动了，一会儿高扬着双手挥动着，一会儿高扬着的双手握成拳，以表示最诚挚的谢意。

会后有人问总经理："您的记性怎么会这么好？竟能记住了全公司每一位员工的名字？"他微笑着回答："我是公司的总经理，每天要到各个车间里实施走动管理，我命令自己每天必须要记住三位员工的容貌和他的名字及工号，这样做不仅是对员工的一种尊重，也是和员工心

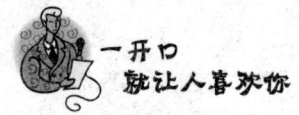

灵的一种通融。因为我有这方面的体会，我以前也是一名普通员工，作为一名普通员工，自己总是很想在总经理心目中占有一席之地，让管理者感知到我的工作价值，就和我的名字一样，是独一无二的，也是难以替代的，这样工作起来才会有股劲头。而作为公司的总经理，应该具备这样的记忆力，能牢牢地记住每一位员工的名字以及他的工号，而且能随时随地很快地叫出每一位员工的名字和他的工号，这也许要比记那些MBA教材里的名词术语管用得多。"

善于记住别人的姓名是一种礼貌，也是一种感情投资，在人际交往中会起到意想不到的效果。美国一位学者曾经说过："一种既简单又重要的获得好感的方法，就是牢记别人的姓名，并且在下一次见面时喊出他的姓名。"名字作为每个人特有的标志，是非常重要的。对一个人来说，自己的名字是世界上听起来最亲切和最重要的声音。它不但获得友谊、达成交易、得到新的合作伙伴的通行证，而且能立即产生其他礼节所达不到的效果。所以，尝试记住他人的名字，不仅是对他人的尊重和表示你对他人的重视，同时也让对方对你产生更好的印象。

世界上天生就能记住别人的名字的人并不多见，大多数人能做到这一点全靠有意培养形成的好习惯。而你一旦养成了这个好习惯，它就能使你在人际关系和社会活动中占有很多优势。

# 第二章 打动人心，把话说到人的心坎里

第二章 打动人心,把话说到人的心坎里

# 真诚的话最能打动人

口才的技巧固然很重要,但真诚也同样不能被忽视。中国的孔夫子曾经说过:"巧言令色,鲜矣仁。"如果一个人擅长辞令,可是表现得却过于"油嘴滑舌",那么他说得再好也不会受到别人的重视,因为在旁人眼中,这个口才出众的人没一句真话,不值得信赖。所以说,要想在语言上征服别人,首先必须要让别人对自己的话充分信任,如果做不到这一点的话,你就是说得天花乱坠也不会有丝毫效果。

人与人交谈,贵在真诚。有诗云:"功成理定何神速,速在推心置人腹。"只要你与人交流时能碰触一颗恳切至诚的心,一颗火热滚烫的心,怎能不赢得别人的信任?

松下电器公司还是一家乡下小工厂时,作为领导,松下幸之助亲自出马推销产品。再碰到杀价高手时,他就坦诚地说:"我的工厂是家小工厂。炎炎夏天,工人在炽热的铁板上加工、制作产品。大家汗流浃背地努力工作,好不容易制出了产品,依照正常的利润计算方法应当是每件××元承购。"对方一直盯着他的脸,听他叙述,听完之后开怀大笑说:"卖方在讨价还价的时候总会说出种种不同的话,但你说得很不一样,句句都在情理之中。好吧,我就照你说的买下来好了。"

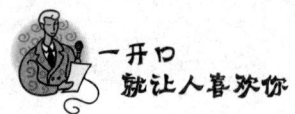

松下幸之助的成功,在于真诚的说话态度。唯有真诚之心才能打动人心,以真诚之心对待他人,我们才能获得他人的信任,建立良好和谐的关系。

真诚,不论对说话者还是对倾听者来说都非常重要。若不真诚待人,则等于欺人、愚人。若轻信他人不实之词,则可能会耽误大事,造成不良后果。

有一个顾客问服装店的销售员:"这件衣服我穿上怎么样?"

"不错,很好。"那位销售员回答道。

然后,顾客又试了一件裁剪样式全然不同的衣服:"这件衣服呢?"顾客同样对这件衣服表现出极大的兴趣。

于是,销售员附和道:"也挺好的。"

很快,这位顾客就意识到了那位销售员的建议是没有价值的,这件衣服究竟看上去如何、合身与否,他是不会对自己说真话的,他唯一的目的就是把衣服卖出去。当顾客明白了这一点的时候,生意自然就不会成交。

说话的魅力并不在于你说得多么流畅、多么滔滔不绝,而在于你是否善于表达真诚。最能推销产品的人并不一定是口若悬河的人,而是善于表达真诚的人。当你用得体的话语表达出真诚时,你就赢得了对方的信任,建立起了他人对你的信赖,对方也就可能由信赖你这个人而喜欢你说的话。

日本企业家小池先生出身贫寒,他20岁时在一家机械公司担任销售员。有一段时间,他推销机械非常顺利,半个月内就达成了25位客户的

## 第二章 打动人心，把话说到人的心坎里

业绩。

可是有一天，他突然发现自己所卖的这种机械要比别家公司生产的同性能机械贵了一些。

他想："如果让客户知道了，一定会认为我在欺骗他们，甚至可能会对我的信誉产生怀疑。"

深感不安的小池立即带着合约书和订单逐家拜访客户，如实地向客户说明情况，并请客户重新考虑是否还要继续与自己合作。

这样的举动使他的客户大受感动，最后不但没有人取消订单，反而为他带来了良好的商业信誉，大家都认为他是一个诚实且值得信赖的销售员。结果，25位客户中不但无人解约，反而又替小池介绍了更多的新客户。

由此可见，说话真诚的人能得到别人的信任。把你的真诚注入日常交流之中，把自己的心意传递给对方，当倾听者感受到你的诚意时，他才会打开心门，接受你讲的内容，彼此之间才能实现沟通和共鸣。

美国第十六任总统林肯曾经有过一句名言："你可以在所有的时候欺骗某些人，也可以在某些时候欺骗所有人，但你不可能在所有的时候欺骗所有的人。"这就是说，我们在与人交往的时候一定要真诚，如果说话只注重语言上的华丽而缺乏真情实感，那么即使我们能暂时欺骗别人的耳朵，也永远无法欺骗别人的内心。所以说，我们要想打动对方，就必须先问问自己：我的心是真诚的吗？

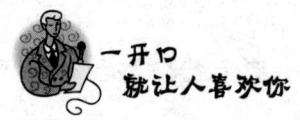

# 见人说人话，见"鬼"说"鬼"话

俗话说得好："见什么人说什么话。"这是说话的一个技巧，也是一个原则。战国时期著名的纵横家鬼谷子曾经精辟地总结与各种各样的人谈话的方法："与智者言依于博，与博者言依于辩，与辩者言依于事；与贵者言依于势，与富者言依于豪，与贫者言依于利；与战者言依于谦，与勇者言依于敢，与愚者言依于锐。说人主者，必与之言奇；说人臣者，必与之言私。"因此，在与人交谈时，一定要对其情况做一个客观的了解。只有知己知彼才能针对不同的对手，采取不同的说话技巧。

有一条船航行至海上时，突然发生了意外。船长命令大副去叫乘客弃船。结果却是大副悻悻而回，他说："乘客都不愿意弃船，对不起，我实在没办法了。"

船长只好亲自到甲板上去。不一会儿，他便微笑着回来了，然后对大副说："他们都跳下去了，我们也走吧！"

大副很惊讶，于是问船长是怎么做到的。

船长说："我首先对那个英国人说：'作为绅士，你应该做出表率。'然后他就跳下去了。接着，我对法国人说：'那种样子是很浪漫而且潇洒的。'于是他也跳了下去。然后，我板着脸对德国人说：'这是命令，你必须跳下去。'于是德国人也跳了下去。我对伊拉克人

## 第二章 打动人心，把话说到人的心坎里

说：'这是将军和真主的旨意。'他马上起身，还没穿救生衣就跳了下去。"

大副听了十分佩服，说道："太妙了，船长，那么美国人呢？"

船长回答："我说：'您买了保险的，先生。'于是美国人夹着皮包跳下水去了。"

故事中讲述的可能并不是一件真实的事，但是却说明了一个道理——说话要因人而异。

正所谓"射箭要看靶子，弹琴要看听众"。生活中，每个人的身份、职业、经历、文化教养、思想、性格、处境、心情等都不相同，聪明的人要针对不同对象和对象的不同情况，采取不同的策略，用不同的语言表达和交流，这样才能达到有效的说话的目的。

《世说新语》中有这样一个故事：

有一个叫许允的人在吏部做官，他提拔了很多同乡人。魏明帝察觉之后便派人去抓他。他的妻子在他即将被带走时，赶出来告诫他说："明主可以理夺，难以情求。"让他向皇帝申明道理，而不要寄希望于哀情求饶。因为，依皇帝的身份和地位是不可能随便以情断事的，皇帝以国为大，以公为重，只有以理断事、以理说话，才能维护好国家利益和作为一国之主的身份地位。

于是，当魏明帝审讯许允的时候，许允直率地回答说："陛下规定的用人原则是'唯贤是举'，我的同乡我最了解，请陛下考察他们是否合格，如果不称职，臣愿受处罚。"于是魏明帝派人考察许允提拔的同乡，他们都很称职，于是将许允释放了，还赏了他一套新衣服。

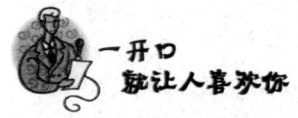

说话要考虑对方的身份地位。许允提拔同乡，根据的是朝廷制定的荐举制度。不管此举妥不妥当，它都合乎皇帝在其身份地位上所认可的"理"。许允的妻子深知跟皇帝难于求情，却可以以"理"相争，于是叮嘱许允以"举尔所知"和用人称职之"理"，来规避提拔同乡、结党营私之嫌。这可以说是善于根据说话对象的身份地位选择说话方式的绝好例子。

生活中，人是各种各样的，他们的心理特点、脾气秉性、语言习惯也各不相同，这就决定了他们对语言信息的要求是不同的。所以，在与人交谈时，聪明人不会用不变的说话方式来交流。与不同的对象谈话就要采用不同的谈话方式，"见什么人说什么话，到什么山头唱什么歌"。

在日常说话中，我们要注意以下几点：

（1）说话要根据文化知识的不同而有所差异。与文化水平相对较低的人说话，应尽量使用浅显易懂的语言，让对方能够听得明白。而与文化水平相对较高的人谈话，说话时则需要讲究一点语言的修饰，可适当地使用较为正式的谈话方式。

（2）说话应根据说话人的身份地位而有所讲究。在一起谈话的人，往往有着身份、地位的差别，此时说话就不应太过随便，根据对方的身份、地位可适当地说出自己的见解。要三思后才开口，切忌直言不讳。

（3）说话要根据双方关系的不同而所有区别。一般来说，说话人与倾听者之间一般有平等、上下、疏密、亲朋等不同关系，所以话语的多少、话语的亲密程度都要所有区别，这样才能使得与谈话人之间有着轻松的谈话氛围。

第二章　打动人心，把话说到人的心坎里

# 适宜的场合说适宜的话

俗话说得好：到什么山，唱什么歌；在什么场合，说什么话。大多数政客都深谙此道，所以在政坛才能够左右逢源，大出风头。我们虽然不一定需要那么高的沟通技巧，但是，在适当的场合、对适当的人说适当的话的技巧还是非常有用的。否则，再好的话题，再优美的话语也收不到好的效果，有时甚至会适得其反。

有个年轻人长得眉清目秀，仪表不俗，可就是不会说话。

他的岳父去世，家人大恸。他以酒相慰，对内弟说："好事成双，再饮一杯。"朋友结婚，他前去祝贺。喜宴上，他慷慨陈词："凭咱哥们交情，下次你再结婚时我还来喝酒。"在座的人面面相觑，朋友哭笑不得。他却海吃海喝，浑然不觉。

因为这个年轻人说话太不合时宜，以后谁家有婚丧嫁娶的事情都不再欢迎他了。

人，总是在一定的时间、一定的地点、一定的条件下生活，在不同的场合，面对着不同的人、不同的事，从不同的目的出发，就应该说不同的话。如果不看场合，随心所欲，信口开河，想到什么就说什么，很多时候就会导致种种不良的后果。所以，说话的艺术首先强调的就是说话的场合。

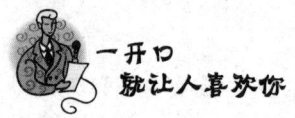

在什么场合说什么话,是人们在长期交际实践中总结出来的经验。谈话双方对于话题的选择与理解、某个观念的形成与改变、谈话的心理反应以及交谈结果,无不与场合有直接联系。这就要求谈话者必须估计场合影响,并有意识地巧妙利用场合效应。

明代开国皇帝朱元璋出身贫寒,少年时候就放牛,给有钱人家打工,甚至还为了果腹而出家为僧。但朱元璋胸有大志,风云际会,终于成就一番霸业。

朱元璋当了皇帝以后,有一天,一位儿时的穷伙伴进京来求见他。朱元璋很想见见旧日的老朋友,可又怕他讲出什么不中听的话来。犹豫再三,总不能让人说自己富贵了就不念旧情吧,最后还是让人传了进来。

那人一进大殿,即大礼下拜,高呼万岁,说:"我主万岁!当年微臣随驾芦州府,打破罐州城。汤元帅在逃,拿住豆将军,红孩子当兵,多亏菜将军。"

朱元璋听他说得动听含蓄,心里非常喜欢,回想起当年大家饥寒交迫时有福同享、有难同当的情形,心情很激动,立即重重封赏了这个老朋友。

消息一传出,另一个和他一块放牛的伙伴也找上门来。见到朱元璋,他高兴得忘乎所以,生怕皇帝忘了自己,指手画脚地在金殿上说道:

"我主万岁!你不记得了吗?那时候咱俩都给人家放牛,有一次我们在芦苇荡里把偷来的豆子放在瓦罐里煮着吃,还没等煮熟大家就抢着吃,把罐子都打破了,撒下一地的豆子,汤都泼在泥地里了。你只顾从地下抓豆子吃,结果把红草根卡在喉咙里,还是我出的主意,叫你用一

## 第二章 打动人心,把话说到人的心坎里

把青菜吞下,才把那红草根带下肚子里。"

当着文武百官的面,朱元璋又气又恼,哭笑不得,立即喝令:"哪里来的疯子,来人,把他轰出去。"

同样的内容不同的人用不同方式说出来,情况就会有所不同。第二个人不但没有得到封赏,反而被轰了出去的原因就是他没有考虑说话的场合。今日的朱元璋已不是昔日一起游戏、讨饭的小叫花子了,而是堂堂一国之君,当着众多大臣的面直接揭皇帝的短,不是冒失是什么呢?

可见,不看场合随心所欲,信口开河,想到什么说什么,这是不会说话的一种拙劣表现。人总是在一定的时间、一定的地点、一定的条件下生活的,在不同的场合,面对着不同的人、不同的事,从不同的目的出发,就应该说不同的话,用不同的方式说话,这样才能收到理想的交谈效果。

说话要看场合,常见的有以下几种区分,我们要把握相关要点:

(1)自己人场合和外边人场合。常言说:对自己人"关起门来讲话",可以无话不谈,甚至可以说些放肆的话,什么事都好办。但是如果对外边的人讲话,得怀有戒心,"逢人只说三分话,未可全抛一片心",办事嘛,通常是公事公办。

(2)正式场合与非正式场合。这个区分是很重要的,正式场合说话就应该严肃认真,事先要有所准备,不能胡扯一气。非正式场合可随便一些,像聊家常一样,便于感情交流,谈深谈透。现实生活中,有些人说话味同嚼蜡,有人讲话俗不可耐,有些人说话文绉绉,就是没有把握正式场合与非正式场合的界限。

(3)庄重场合与随便场合。比如这句话,"我特地跑来看你",就显得很庄重;而"我顺便过来看你",就有点随随便便看你来了的意思,可以减轻对方负担。可是,在庄重的场合说"我顺便来看你"就显得不够认真、

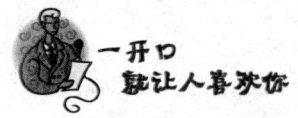

严肃,会给听者的心里蒙上一层阴影。在平常的日子里,明明"顺便看你来了"偏偏说成是"特地看你来了",就有些小题大做,让对方感到紧张。

(4)喜庆场合与悲痛场合。通常情况下,说话应和场合中的气氛相协调。在别人办喜事的时候千万不要说悲伤的话;在人家悲痛的时候,你逗这个小孩玩,逗那个小孩玩,说些逗乐的话,甚至哼哼民歌小调,别人就会说你这个人太不懂事了。

总之,开口说话前,你要把交际对象、交际场合、交际时间等多种相关因素都考虑进去,想一想如何张口,选择最恰当的方式说话,以使自己的谈吐既符合场合要求,又符合对象的接受心理,最大限度地实现与交际对象的沟通。

## 讲究赞美的技巧,说得对方心里舒坦

马克·吐温说过,听到一句得体的称赞,能使他陶醉两个月。在生活中,几乎每个人都希望获得赞美。当一个人受到别人真诚的赞美时,就会产生积极的心理效应,如性格会变得活泼、热情、积极、乐观,愿意与人接近等。而我们则可以利用人们的这种心理,在谈话中多赞美对方,这样就能够收到比较好的效果。

有一位太太想聘用一位女佣,便打电话给那位女佣的前任雇主,询问了一些情况,得到的评语却是贬多于褒。

女佣到任的那一天,这位太太说:"我打电话请教了你的前任雇

## 第二章 打动人心，把话说到人的心坎里

主，她说你为人老实可靠，而且煮得一手好菜，唯一的缺点就是整理房间比较外行，总是把屋子弄得脏兮兮的。不过，我想她的话并非完全可信，我相信你一定会把家里打理得井井有条。"

事后，她们果然相处得很愉快，女佣真的把家里打扫得干干净净，而且工作非常勤奋。

赞美之所以对人的行为能产生深刻影响，是因为它满足了人的自尊心的需要。赞美是对个人自我行为的反馈，它能给人带来满意和愉快的情绪，给人以鼓励和信心，让人保持这种行为，继续努力。赞美也是一种有效的激励，可以激发和保持一个人行动的主动性和积极性。

莎士比亚曾经这样说过："赞美是照在人心灵上的阳光。没有阳光，我们就不能生长。"赞美作为一种与他人社交的技巧，其可谓是具有神奇的魔力，它不但可以消除人与人之间的龃龉和怨恨，满足人的虚荣心，还可以轻易说服对方接受你的观点，有时甚至足以改变一个人的一生。

比恩·崔西是美国的一位图书推销高手，他曾经说："我能让任何一个人买我的图书。"他推销图书的秘诀只有一条：善于赞美顾客。一次，他去推销自己的书，遇到了一位非常有气质的女士。这个时候，比恩·崔西刚刚开始运用赞美这个法宝。当这位女士听到推销员的赞美时脸一下子就阴了下来："我知道你们这些推销员很会奉承人，专挑好听的说，不过我不会听你说的鬼话的。你还是节省点时间吧。"但是比恩·崔西却微笑着对她说："是的，您说得很对，推销员是专挑那些好听的话来讲，甚至会说得别人昏头昏脑的，像您这样的顾客我还是很少遇到，特别有自己的主见，从来不会受到别人的影响。"这时，细心的崔西发现，这位女士的脸已由阴转晴了。接着她问了崔西很多的问题，

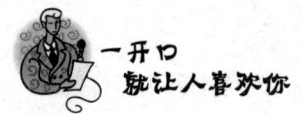

崔西都真诚地做了回答。最后,崔西开始高声赞美道:"您的形象反映了您高贵的个性,您的语言反映了您敏锐的头脑,而您的冷静衬托出了您的气质。"女士听崔西的一番言论后,高兴地笑了起来,很爽快地买了一套书籍。后来,她又在崔西那里购买了上百套书籍。随着推销图书经验的日渐丰富,比恩·崔西总结了一条人性定律:没有人不爱被他人赞美,只有不会赞美别人的人。

赞美之于人心,如阳光之于万物。在我们的生活中,人人都需要赞美,人人都喜欢赞美。这次不是虚荣心的表现,而是渴求上进,寻求理解、支持与鼓励的表现。父母经常赞美孩子,家庭气氛和睦、欢乐;领导经常赞美下级,职工的积极性、创造性不断被激发;被调动。爱听赞美,出于人的自尊需要,是一种正常的心理需要。经常听到真诚的赞美,明白自身的价值获得了社会的肯定,有助于增强自尊心、自信心。

有的人吝惜赞美,很难"赏赐"别人一句赞美的话,他们不懂得多正面引导、多表扬鼓励是沟通的一种方式。予人以真诚的赞美,体现了对人的尊重、期望与信任,并有助于增进彼此间的了解和友谊,是协调人际关系的好方法。人人皆有可赞美之处,只不过长处、优点有大有小、有多有少、有隐有显罢了。只要你细心,就能发现别人身上可赞美的"闪光点"。

在生活中,如果你乐意而且懂得衷心地赞扬他人,那么你就能够更好地激励周围的人,你的谈话也就能够达到预期的效果。

第二章　打动人心，把话说到人的心坎里

## 巧妙拒绝，让对方愉快地接受

拒绝是一门人生的学问，也是一门人生的艺术。王家卫电影里有一句经典的台词："要想不被别人拒绝，你最好先拒绝别人。"这就告诉我们，如果你想在交往中获得主动权，首先要学会拒绝。要知道一味地逢迎、妥协、逆来顺受并不会得到别人的尊重，反而会让别人看轻你。如果你适当地拒绝，拒绝得有理，你不但不会得罪对方，还会让对方尊重你，对你刮目相看。所以，一位哲人说："学会了拒绝，是一个人成熟的标志之一。"

李欣是某公司的职员，他平日里少言寡语，不善言谈。有一次，老板派给他一个任务，去出差催款。

李欣性格内向，不善于和别人打交道，催款这种事情她肯定做不来，应该交给能说会道、善于交际的人去做才好。李欣心里这么想，却不敢说出来，也没有勇气拒绝老板，只好硬着头皮答应了。

来到目的地，对方热情招待李欣，酒桌上对方要李欣喝酒。李欣坚持自己的原则，一口也不喝，让对方下不了台。对方一气之下，编了一个理由把李欣打发走了。李欣没有完成任务，老板自然非常生气。老板说："如果你办不到，为什么还要答应？这是工作，不是游戏，逞什么英雄！"

故事中的李欣由于当初不好意思拒绝，最终没有完成老板交代的任务，

受到了老板的批评。这对我们是个值得吸取的教训。所以，适当地学会拒绝，对一些自己不能做、不该做的事都要敢于拒绝，这是维护自身尊严、保证自己利益的重要手段，也是制约他人的口才技巧。不懂拒绝，你就会处于被动，被人牵着鼻子走。

生活中，我们要敢于拒绝，也要善于拒绝，既要能够拒绝别人，又不能让对方太尴尬和难堪。一旦确定要拒绝对方，心意就要坚决，但拒绝的方法不要过于僵硬。下面介绍几种拒绝的方式：

1. 幽默的拒绝

交往中，有时会遇到不好正面拒绝对方，或者对方坚决不肯降低要求或条件，你并不直接拒绝，相反全盘接受。然后根据对方的要求或条件推出一些荒谬的、不现实的结论来，从而加以否定。这种拒绝方法，往往能产生幽默的效果。

苏联与挪威曾经就购买挪威鲱鱼进行了长时间的谈判。在谈判中，深知贸易谈判诀窍的挪威人开价高得出奇。苏联的谈判代表与挪威人进行了艰苦的讨价还价，挪威人就是坚持不让步。谈判进行了一轮又一轮，代表换了一个又一个，还是没有结果。

为了解决这一贸易难题，苏联政府派柯伦泰为全权贸易代表。柯伦泰面对挪威人报出的高价，针锋相对地还了一个极低的价格，谈判像以往一样陷入僵局。挪威人并不在乎僵局，因为不管怎样，苏联人要吃鲱鱼，就得找他们买，是"姜太公钓鱼，愿者上钩"。而柯伦泰是拖不起也让不起，而且还非成功不可。情急之余，柯伦泰使用了幽默法来拒绝挪威人。

她对挪威人说："好吧！我同意你们提出的价格。如果我的政府不同意这个价格，我愿意用自己的工资来支付差额。但是，这自然要分期

## 第二章 打动人心，把话说到人的心坎里

付款。"堂堂的绅士能把女士逼到这种地步吗？所以，在忍不住一笑之余，挪威人最终一致同意将鲱鱼的价格降到一定标准。

以上就是柯伦泰用幽默法完成了她的"前任"们历尽千辛万苦也未能完成的工作。

### 2. 模棱两可的拒绝

生活中大家可能都有这样的经验，当你提出某种要求时，对方既不马上反对，也不立即赞同，而是耐心细致地与你谈些与主题有关但又模模糊糊的问题，整个谈话像笼罩在"烟雾"之中，最后你都不明白自己是怎样被拒绝的。

德皇威廉二世派人将一艘军舰的设计图交给一个造船界的权威，请他评估。他在所附的信件上告诉对方，这是他花费了多年的精力和心血才研究出来的，希望他能仔细鉴定。

几周后，威廉二世收到了那位权威人士的报告。里面附了一叠从数字推论出来的详细分析，文字报告是这么写的："陛下，非常高兴能见到一幅美轮美奂的军舰设计图，能为它做评估是在下莫大的荣幸。可以看出这艘军舰威武壮观、性能超强，可以说是全世界前所未有的海上雄师。它的超高速度举世无双，武器配备可以说独一无二，配有世上射程最远的大炮和最高的桅杆；舰内的各种设施将使全舰官兵如同住进豪华旅馆。这艘举世无双的超级军舰只有一个缺点，那就是如果一下水，它马上就会像一只铅铸的鸭子般沉入水底。"

威廉二世看了这个报告不禁笑了。

其实，这位造船界的权威人士的意思就是这张设计图一窍不通。但如果他直言不讳地拒绝："陛下，您的设计图一无是处，只有一个空架子。"结

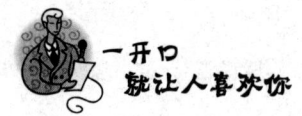

果会怎么样呢？不言而喻。

所以，同样的说话意图，不一样的说法，效果截然不同。避开实际性的问题，故意用模糊两可的语言做出具有弹性的回答，既无懈可击，又达到在要害问题上拒绝答复的目的。

3. 另指出路

当你对朋友的要求感到力不从心或者不乐意接受的时候，你可以采用另指出路的办法，以解决问题。

李丽当上某银行人事处处长后就忙了起来，很多人都登门来求她帮忙，让她很是头疼。

有一天，又有人来到李丽家，这次来的人是她的老同学。"我儿子大学毕业一年了，工作一直不顺心，想换工作，所以来找老朋友想想办法。"老同学开门见山地说。"他学的是什么专业？"老同学把儿子的资料递给李丽，看过资料后，李丽知道自己帮不了，因为不仅专业不对口，这个孩子的外语水平也不行，这明显不符合银行的要求。但是李丽也清楚，不能直接拒绝，否则就太不给老同学面子了。"真是不巧，我们最近没有招聘的计划，不过你别担心，我认识一个朋友，他那里似乎在招人。"说完，李丽把朋友的联系方式抄了一份交给老同学。

虽然没有办成事，但那个老同学还是很感谢李丽。

总之，学会拒绝的艺术，既可减少许多心理上的紧张和压力，又可自己表现出人格的独特性，也不会使自己在人际交往中陷于被动，有利于处理好人与人之间的关系。拒绝运用得好，可以达到文雅得体，幽然含蓄，弦外有音，余味无穷的奇妙境地。

第二章　打动人心，把话说到人的心坎里

# 学会倾听是对他人最好的尊重

在当今这个浮躁的社会中，很多人缺乏耐心，没有耐心听别人讲话。时间一久性情也变得急躁，对倾听显得腻烦，常常是还未等到对方把话说完，就予以否定，然后以十分武断的口气阐述自己的观点。这类人往往是想通过"短、平、快"的方式来解决问题，并展示自己雄辩的口才。但这样做往往得不到别人的认同，无法真正解决问题，也无法达到真正的沟通，更不要说建立彼此之间的友谊了。

美国汽车推销之王乔·吉拉德在入行初期曾有一次深刻的体验。一次，某位名人来找他买车，他推荐了一款最好的车型给他。那人对车很满意，并掏出10 000美元现钞，眼看就要成交了，对方却突然变卦而去。

乔·吉拉德为此事懊恼了一下午，百思不得其解。到了晚上11点他忍不住打电话给那个人："您好！我是乔·吉拉德，今天下午我曾经向您介绍一部新车，眼看您就要买下，却为何突然走了？"

"喂，你知道现在是什么时候吗？"

"非常抱歉，我知道现在已经是晚上11点钟了，但是我检讨了一下午，实在想不出自己错在哪里了，因此特地打电话向您讨教。"

"真的吗？"

"肺腑之言。"

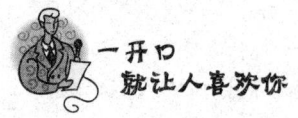

"很好！你用心在听我说话吗？"

"非常用心。"

"可是今天下午你根本没有用心听我说话。就在签字之前，我提到我的儿子吉米即将进入密歇根大学念医科，我还提到他的学科成绩、运动能力以及他将来的抱负，我以他为荣，但是你毫无反应。"

乔·吉拉德不记得对方曾说过这些事，因为他当时根本没有注意。乔·吉拉德认为已经谈妥那笔生意了，他不但无心听对方说什么，反而在听办公室内另一位推销员讲笑话。这件事让他领悟到"听"的重要性，让他认识到如果不能自始至终倾听对方讲话的内容，认同客户的心理感受，难免会失去自己的客户。

一个讲话者总希望他的听众听完他发表的意见，如果你对此漫不经心，或者毫不在乎，这就在一定程度上伤害了他的自尊心，他原来对你的好感也会顷刻化为乌有。如果你要在沟通中赢得他人的好感，那么你首先要做到的便是用心倾听。正如一位心理学家所说："以同情和理解的心情倾听别人说话，我认为这是维系人际关系、保持友谊的最有效的方法。"

在人际交往中，作为尊重他人的一种表现，善于倾听的作用是非常重要的。心理学研究表明，越是善于倾听他人意见的人，与他人关系就越融洽。因为倾听本身就是褒奖对方谈话的一种方式，你能耐心倾听对方说话，等于告诉对方"你是一个值得我倾听你讲话的人"。

人们都喜欢善于倾听的人，倾听是使人受欢迎的基本技巧。人们被倾听的需要远远大于倾听别人的需要。倾听是心与心的交流。一位伟人曾经说过："喜欢倾听的民族，是一个智慧的民族；不喜欢倾听的民族，永远不会进步。"善于倾听的人，会有很多朋友。

倾听是人际交往中一项很重要的制胜法宝。一个在人群中滔滔不绝的

## 第二章 打动人心，把话说到人的心坎里

人或许很容易得到大家的尊敬和钦佩，可是一个懂得倾听并善于鼓励别人的人，能更容易得到他人的好感和信任。在谈话过程中，你若耐心倾听对方谈话，等于告诉对方"你说的东西很有价值"或"你值得我结交"，等于表示你对对方有兴趣。同时，这也使对方感到他的自尊得到了满足。由此，说者对听者的感情也更进一步了，"他能理解我"、"他真的成了我的知己"。于是，二人距离缩短了，只要时机成熟，两个人就会很谈得来。

倾听是人与人交往的一个必要前提，倾听需要专心，每个人都可以通过耐心和练习来发展这项能力。倾听是了解别人的重要途径，为了获得良好的效果，我们有必要了解一下倾听的方式。

（1）专注认真地倾听。当别人对你说话时，应该正视对方以示专注倾听，你可以通过直视的双眼、赞许的点头或手势，表示在认真倾听，从而鼓励谈话者说下去。一个善于倾听的人具有一种强大的感染力，他能使说话人感到自己说话的重要性。

（2）适时适度的提问或插话。适时适度地提出问题是一种倾听的方法，它能够给讲话者以鼓励，有助于双方的相互沟通。如"您说得对"、"应该是这样"、"您讲得有趣极了"、"是吗？"、"以后怎样了呢？"或采用"嗯"等语气词与讲话者相呼应。当对方要终止讲话时，而你又需要让对方继续下去，可选择对方常提出的某一地方、某一人进行问询，使对方感兴趣。这样，谈话就会继续进行。

（3）通过倾听捕捉信息。倾听是捕捉信息、处理信息、反馈信息的需要。一般来说，谈话是在传递信息，听别人谈话是接受信息。一个善于倾听的人应当善于通过交谈捕捉信息。听比说快，在聆听的空隙时间里，你应思索、回味、分析对方的话，从中得到有效的信息。

（4）学会察言观色。在人际交往中，很多人口中所道并非肺腑之言，他们往往把自己的真实想法隐藏起来，所以在交谈时，你就需要注意琢磨对方

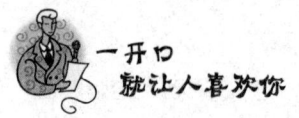

话中的微妙感情，细细咀嚼品味，以便弄清其真正意图。

（5）不要随便打断别人讲话。千万不要在别人没有表达完自己的意思时随意地打断别人的话。当别人流畅地谈话时，随便插话打岔、改变说话人的思路和话题，或者任意发表评论，都被认为是一种没有教养或不礼貌的行为。

（6）用肢体语言做出反馈。倾听对方谈话的同时，通过微笑、点头、眼神等适当的身体语言，表示你对讲者所说内容的态度。反馈你赞同或持疑义的意见信息。最能调动说话者积极性的，莫过于让他感到别人对他的话感兴趣。而要让他有这种感觉，你就要对他的话有适当的表情。比如欣赏地点点头，适当地微笑，都可以作为正在用心地倾听的表现。恰当、得体地使用肢体语言做出得体的反应，不但表现出对他人的尊重，同时也能刺激对方更全面地表达自己的需求和谈话重点。

总之，倾听是说话的一种技巧。学会倾听能正确、完整地听取自己所要的信息，而且还会给人留下认真、踏实、尊重他人的好印象。

# 投其所好，谈对方感兴趣的话题

在人际交往中，我们怎样做才最能打动人心呢？最佳的方法莫过于投其所好了。谈论对方感兴趣的事物，他会认为我们是一个善解人意的人，从而对我们产生好感。

人际关系大师卡耐基在书中就写道："我们要对他人真诚地感兴趣，聆听对方的谈话，就对方的兴趣来谈论以及鼓励他人谈论他自己。"当我们对

## 第二章 打动人心，把话说到人的心坎里

他人真诚地感兴趣的时候，自然而然就会去关注他的一举一动。那么他的每一个细节都有可能是我们与他交谈的切入点。

投其所好是说话的一个技巧。通过谈论对方感兴趣的话题找到共同话题，为自己后来要说的话做铺垫。只要双方有话可谈，再不失时机地进行适当的赞美，他人就会对你产生好感。

曾经著名的美国柯达公司创始人伊斯曼，捐赠巨款在罗彻斯特建造一座音乐堂、一座纪念馆和一座戏院。为承接这批建筑物内的座椅，许多制造商展开了激烈的竞争。但是，找伊斯曼谈生意的商人无不乘兴而来，败兴而归，一无所获。正是在这样的情况下，优美座位公司的经理亚当森，前来会见伊斯曼，希望能够得到这笔价值9万美元的生意。

伊斯曼的秘书在引见亚当森前，就对亚当森说："我知道您急于想得到这批订货，但我现在可以告诉您，如果您占用了伊斯曼先生五分钟以上的时间，您就完了。他是一个很严厉的大忙人，所以您进去后要快速地讲。"亚当森微笑着点头称是。亚当森被引进伊斯曼的办公室后，看见伊斯曼正埋头于桌上的一堆文件，于是静静地站在那里仔细地打量起这间办公室来。过了一会儿，伊斯曼抬起头来，发现了亚当森，便问道："先生有何见教？"秘书把亚当森做了简单的介绍后，便退了出去。这时，亚当森没有谈生意，而是说："伊斯曼先生，在我等您的时候仔细地观察了您这间办公室。我本人长期从事室内的木工装修，但从来没见过装修得这么精致的办公室。"伊斯曼回答说："哎呀！您提醒了我差不多忘记了的事情。这间办公室是我亲自设计的，当初刚建好的时候我喜欢极了。但是后来一忙，一连几个星期我都没有机会仔细欣赏一下这个房间。"亚当森走到墙边，用手在木板上一摸，说："我想这是英国橡木，是不是？意大利的橡木质地不是这样的。""是的。"

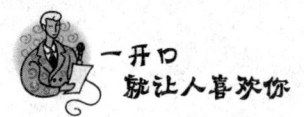

伊斯曼高兴得站起身来回答说:"那是从英国进口的橡木,是我的一位专门研究室内橡木的朋友专程去英国为我订的货。"伊斯曼心情极好,便带着亚当森仔细地参观起办公室来了。他把办公室内所有的装饰一件件向亚当森作介绍,从木质谈到比例,又从比例到颜色,从手艺谈到价格,然后又详细介绍了他设计的经过。此时,亚当森微笑着聆听,饶有兴致。他看到伊斯曼谈兴正浓,便好奇地询问起他的经历。伊斯曼便向他讲述了自己苦难的青少年时代的生活,他与母亲如何在贫困中挣扎的情景,自己发明柯达相机的经过,以及自己打算为社会所做的巨额的捐赠……亚当森由衷地赞扬他的功德心。本来秘书警告过亚当森,谈话不要超过五分钟。结果,亚当森和伊斯曼谈了一个小时又一个小时,一直谈到中午。最后伊斯曼对亚当森说:"我在日本买了几张椅子,放在我家的走廊里,由于日晒都脱了漆。昨天我上街买了油漆,打算把它们重新漆好。您有兴趣看看我的油漆表演吗?好了,到我家里和我一起吃午饭,再看看我的手艺。"

午饭以后,伊斯曼便动手把椅子一一漆好,并深感自豪。直到亚当森告别的时候,两人都未谈及生意。最后,亚当森不但得到了大批的订单,而且和伊斯曼结下了终身的友谊。

为什么伊斯曼把这笔大生意给了亚当森而没给别人呢?这与亚当森的口才很有关系。如果他一进办公室就谈生意,十有八九要被赶出来。亚当森成功的诀窍,就在于他了解谈判对象。他从伊斯曼的办公室入手,巧妙地赞扬了伊斯曼的成就,谈得更多的是伊斯曼的得意之事,这样就使伊斯曼的自尊心得到了极大的满足,把他视为知己。这笔生意当然非亚当森莫属了。

一个人若想赢得他人的赞许,打动他人的心,最佳的方式是投其所好,即迎合他人的兴趣。这就要求我们必须首先了解他人。

## 第二章 打动人心，把话说到人的心坎里

了解他人，主要是了解对方的价值取向和兴趣点，就是了解对方对什么事情最关心、最有兴趣。一件事对某个人来说很重要，但对另一个人来说却未必重要，也许是小事一桩，甚至不值一提。如果你不了解对方的兴趣，只顾自己自说自话，根本就引不起他的兴致，这就起不到沟通的作用。所以，你一定要了解他人的兴趣点，必须把对方认为重要的事情摆在如同他对你一样重要的位置。你关心他的兴趣所在，这体现出你对他的了解。

在一次大型汽车展示会上，某公司的汽车销售人员李丽红结识了一位潜在客户。通过对潜在客户言行举止的观察，李丽红分析这位客户对越野车十分感兴趣，而且其品位极高。虽然李丽红将本公司的产品手册交到了客户手中，可是这位潜在客户一直没给李丽红任何回复，李丽红曾经有两次试着打电话联系，客户都说自己工作很忙，周末要和朋友一起到郊外的射击场射击。

后来经过多方打听，李丽红得知这位客户酷爱射击。于是，她上网查找了大量有关射击的资料。

一个星期之后，李丽红不仅对周边地区所有著名的射击场了解得十分深入，而且还掌握了一些射击的基本功。再一次打电话时，李丽红对销售汽车的事情只字不提，只是告诉客户自己"无意中"发现了一家设施特别齐全、环境十分优美的射击场。下一个周末，李丽红很顺利地在那家射击场见到了客户。李丽红对射击知识的了解让那位客户迅速对其刮目相看，他大叹自己"找到了红颜知己"。在返回市里的路途中，客户主动表示自己喜欢驾驶装饰豪华的越野型汽车，李丽红告诉客户："我们公司正好刚刚上市一款新型豪华越野汽车，这是目前市场上最有个性和最能体现品位的汽车……"一场有着良好开端的销售沟通就这样形成了。

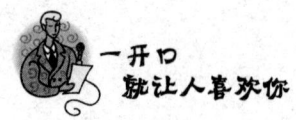

在这里，李丽红对症下药，从"射击"这一突破口进入，激起了对方的共鸣心理，从而轻易达到自己的办事目的。有时因工作或生活的需要，我们必须与人对话或有求于人。为达到自己的目的，要婉转地摸清对方的兴趣爱好，主动挑起话题，一步步诱其深入，待时机成熟，然后话锋一转，再把真正目的亮出来。此时，对方心里就是不情愿、碍于情面，也不好推却。

古人说："话不投机半句多。"只要抓住了对方的兴趣，投其所好，不仅不会"半句多"，而且会千句万句也嫌少，越谈越投机，越谈越相好。所以说，与人沟通的诀窍就是：迎合对方的兴趣说话。每个人都有各自不同的兴趣与爱好，一旦你能找到其兴趣所在，并以此为突破口，那么你的话就不愁说不到他的心坎上。

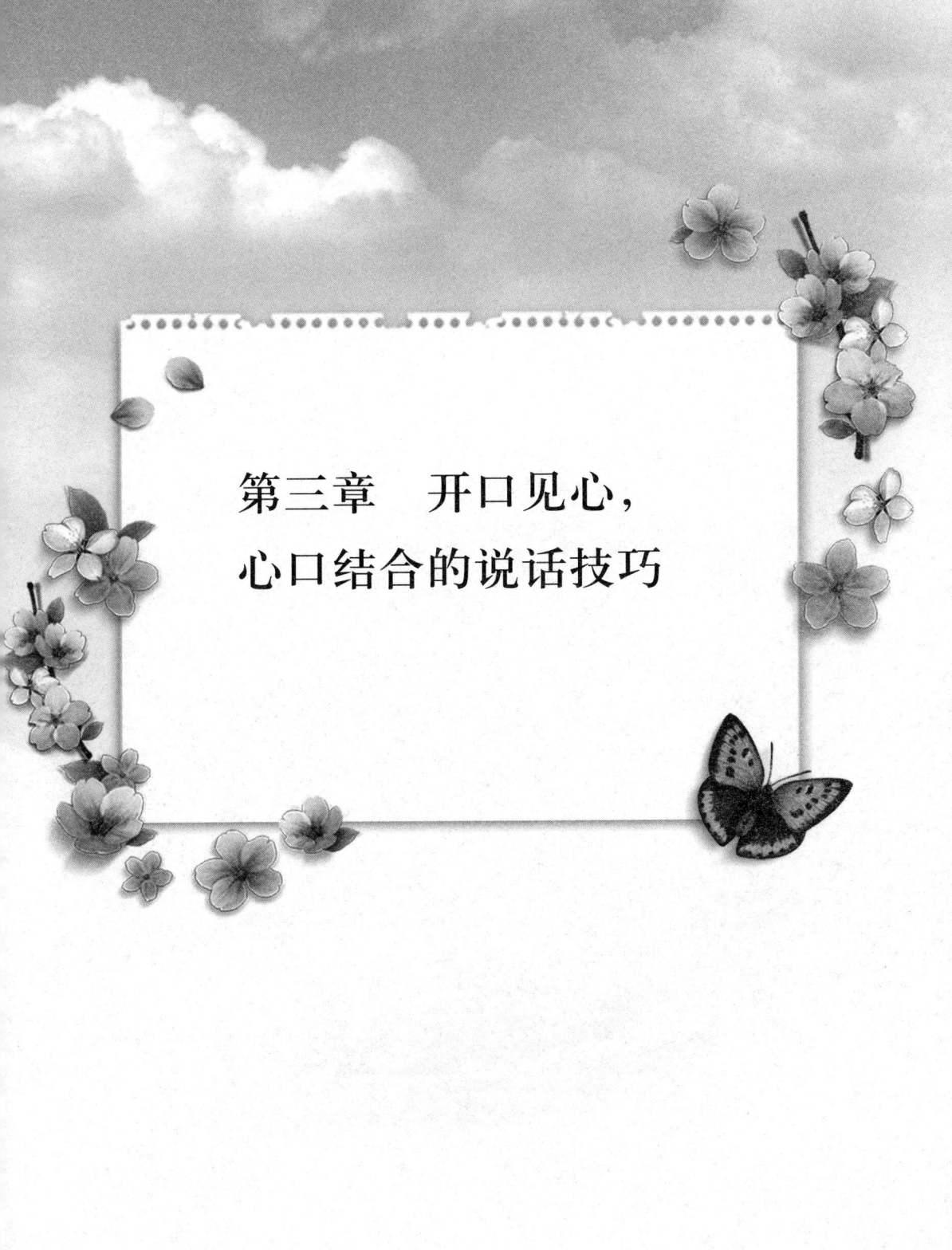

第三章　开口见心，
心口结合的说话技巧

第三章　开口见心，心口结合的说话技巧

## 以退为进更能达到预期的目的

俗话说：狭路相逢勇者胜。我们在谈到说服时，更多地强调要把握主动，控制局面。但是有时候，一味地硬冲硬打未必是最好的方法，以退为进也是一种说服的策略。

以退为进策略是指以退让的姿态作为进取的阶梯，退是一种表面现象，由于在形式上采取了退让，使对方能从己方的退让中得到心理满足，不仅思想上会放松戒备，而且作为回报，对方也会满足己方的某些要求，而这些要求正是己方的真实目的。人际交往中的以退为进策略表现为先让一步，顺从对方，然后争取主动、反守为攻。

古代齐国晏子出使楚国，因其身材矮小，被楚王嘲讽："难道齐国没有人了吗？"晏子说："齐国都城大街上的行人，一举袖子能把太阳遮住，流的汗像下雨一样，人们摩肩接踵，怎么会没有人呢？"楚王继续挪揄道："既然这么多人，怎么派你这样的人出使呢？"晏子回答说："我们齐王派最有本领的人到最贤明的国君那里，最没出息的人到最差的国君那里。我是齐国最没出息的人，因此就被派到楚国来了。"晏子这几句话说得楚王面红耳赤，自觉没趣。

这个故事中晏子的答话就是采用以退为进之法，貌似贬自己最没出息，所以才被派出使楚国，这是"退"，实则是讥讽楚王的无能，这是"进"，以退为进，绵里藏针，使楚王侮辱晏子不成，反受奚落。

以退为进是聪明人常用的一种方法。它是貌似软弱退缩，实则积蓄实力，加速进展。以退为进要随机应变，反应迅速，以便挽回劣势，反败为胜。

有一位留美的计算机博士，毕业后回国找工作，结果找了很久都没有找到一份满意的工作。他想去的公司没有招聘意向，肯对他伸出橄榄枝的公司他又觉得发展空间有限。后来他发现他心仪很久的一家企业在招聘程序员，便灵机一动，拿着自己的本科学位证书去那家公司应聘。以他的能力，很轻松地便被录用了。这种工作对他说简直是"高射炮打蚊子"，但他干得一丝不苟。过了没多久，老板发现他能看出程序中的错误，能力绝非一般的程序输入员可比，便把他叫去谈话。这时他拿出了自己的硕士文凭，老板觉得对他大材小用了。便给他换了个更加对口的职位。又过了一段时间，老板发现他的能力还是不止如此，时常能提出许多独到的、有价值的建议，远比一般的研究生要高明，又把他叫了过去。这时他才表明了身份。至此老板对他的水平有了全面的认识，便毫不犹豫地重用了他。

故事中的这位博士先生显然是个非常聪明的人。有些事情如果直接去办可能会遇到很多困难，先后退两步，也许你便能发现其他的出路。以退为进，由低到高，这既是自我表现的一种艺术，也是生存竞争的一种策略。有时候，不刻意地追求反而有所得，追求得太迫切、太执着反而只能徒增烦恼。在人际交往中，退不是一种畏缩，不是一种妥协。恰恰相反，它是一种

## 第三章 开口见心，心口结合的说话技巧

练达的生活态度，也是进的必然选择。

有一位中学老师接管了一个差班的班主任工作，正好赶上学校安排各班级学生参加平整操场的劳动。这个班的学生躲在阴凉处谁也不肯干活，老师怎么说都不起作用。后来这个老师想到一个以退为进的办法，他问学生们："我知道你们并不是怕干活，而是都很怕热吧？"学生们谁也不愿说自己懒惰，便七嘴八舌地说，确实是因为天气太热了。老师说："既然是这样，我们就等太阳下山再干活，现在我们可以痛痛快快地玩一玩。"学生一听就高兴了。老师为了使气氛更热闹一些，还买了几十个雪糕让大家解暑。在说说笑笑的玩乐中，学生接受了老师的说服，不等太阳落山就开始愉快地劳动了。

事例中的这位老师的确很聪明，他懂得为他的学生营造一个良好氛围，让学生从心理上去接受他以及他的观点，最终成功达到说服目的。这种以退为进的说服方式，是一种有效的说服策略。表面为退，实则以退待进，通过退可以积蓄更大的进的力量，目的是为了更好地进。就像拉弓射箭，先把弓弦向后拉，目的是为了把箭射得更远。

很多时候，面对打击或难题，不要以硬碰硬，巧妙地利用"以退为进"寻找机会东山再起，退一步是为了进两步。这也是你说服能力的最佳体现。

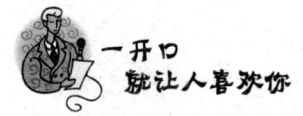

## 换位思考,你会发现不同的一面

在人与人之间的交往中,有一种处理人际关系的思考方式——换位思考。简单地讲,就是互相宽容、理解,多去站在别人的角度上思考,它是一种理解,也是一种关爱,更是人与人之间交往的基础。

现实生活中,每个人在社会上都扮演着一定的角色,在交际过程中,人们都是以具体角色出现的。由于长期习惯于从自己的角度出发来看待自己和别人的行为,就使认识带有不同程度的片面性。例如,顾客认为营业员都不尽职责,营业员却觉得顾客总是在找麻烦;做领导的觉得下属不服从管理,做下属的觉得上级不了解实际情况……因为角色不同,人与人之间总是发生冲突,不能相互理解,从而造成沟通障碍。

如果你要想克服这种沟通障碍,就要进行换位思考,即设身处地为对方着想,假使自己处在对方的位置上会作何感想?这样,就会通情达理地谅解对方的行为和态度。

有一个上海的女孩小王,嫁给了湖南男子小丁,婚后两人感情尚可,但总是因"吃菜问题"闹矛盾。小王做菜要放糖,因为上海人爱吃甜食;小丁做菜喜欢放辣椒,因为湖南人嗜辣如命。吵来吵去,婚姻出现裂痕,最终导致离异。第二年,另一个白马王子被小王相中。婚后小王犯难了:第二任丈

## 第三章　开口见心，心口结合的说话技巧

夫小马，祖籍四川，也是个"吃辣大王"。第一次失败的婚姻记忆犹新，经过深思熟虑，小王终于想出一招妙计。婚后第一餐饭，她就抢着买菜烧菜，每样菜里都放了辣椒，四川丈夫小马吃得津津有味。可是，小马一看妻子，只见她被辣得满头大汗，惊问："你既然不爱吃辣椒，菜里面放这么多辣椒干啥？"小王听罢，心中甜丝丝的，笑道："因为你爱吃辣椒啊！"小马非常感动。第二天，小马抢着买菜做菜，他在每样菜里都加了糖，小王一吃，挺有胃口的，就问丈夫："你不爱吃甜的，为什么每样菜都放糖呢？"小马诡秘地一笑："我是向你学习，处处替对方着想啊！"小王听了，止不住泪水唰唰而下。她暗想，要是当年和小丁在一起生活是也能像如今这样"换位思考"，也不至于和小丁分道扬镳。

在这里，我们看到了同样的情况在两种不同的处理方法下截然不同的结果，换位思考起到了关键作用。所以，只有我们学会换位思考，设身处地为他人着想，才会与他人在情感上得到沟通，增进彼此的相互理解。

其实，人的认识难免受到主观认识等诸多条件的限制，如果不能冲破这些条条框框的限制，就很难得到正确的认识。以换位思考的方式与人进行沟通就可以帮助我们在一定范围和条件下克服这种局限性，即跳出原有的认识圈子，站到对方角度和立场上去观察、体会和分析问题，从而转变原有不正确的认识。

松下幸之助在与客户的谈判过程中，总希望缩短与他们讨价还价的时间，提高会谈的效率，却总是因为双方存在不同意见、大家各不相让而浪费掉大量时间。他知道，对方也是善良的生意人，彼此并不想坑害对方。在23岁那年，有人给他讲了一则故事——犯人的权利。他终于从中领悟到一条人生哲学——站在对方的立场看问题。凭借这条哲学，他与合作伙伴

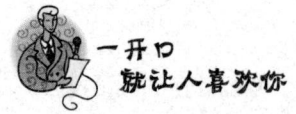

的谈判突飞猛进，人人都愿意与他合作，也愿意做他的朋友。

故事是这样的：

有一名犯人因为罪行太深而被单独监禁。监狱里的管教为了防止他自杀拿走了他的鞋带和腰带。这个罪犯只好用一只手提着裤子，在牢房里慢慢地走来走去。从铁门的小孔里塞进来的食物简直连猪狗都不想吃，他更不想吃。但是，当他用手摸着早已饿瘪的肚子的时候，突然嗅到了一种雪茄香烟的香味。他喜欢这种牌子的雪茄。通过门上那个递送食物的小孔，他看到一个年轻的狱警站在走廊上深深地吸一口烟，然后悠闲自得地吐出来。这个罪犯很想要一支雪茄烟，所以，他用手使劲地敲了敲门。

年轻的狱警一步步走了过来，十分威严地呵斥道："你要干什么？"

这个罪犯回答说："警察先生，请给我一支烟……就是你抽的那种雪茄。"

年轻的狱警认为罪犯是没有权利的，所以他不屑一顾地哼了一声，就转身走开了。

这个罪犯却不认为自己是一个没有一点人身权利的人。他觉得自己有选择权，他愿意冒险检验一下他的判断，所以他又用手敲了敲牢门。这一次，他的态度是威严的。

年轻的狱警吐出一口烟雾，气愤地扭过头，厉声训斥道："你又想要什么？"

这个罪犯回答道："警察先生，请你在半分钟之内把你的雪茄给我一支。否则，我就用头撞这混凝土墙，直到弄得自己血肉模糊，失去知觉为止。如果监狱当局把我从地板上弄起来，让我醒过来，我就发誓说这是你干的。当然，他们绝不会相信我。但是，想一想你必须出席每一次听证会,你必须向每一个听证委员会证明你自己是无辜的;想一想你必须填写一式三份的报告;想一想你将卷入的事件吧——所有这些都只是因为你拒绝给我一支劣质的骆驼!就一支烟,我保证不再给你添麻烦了。"

年轻的狱警会从小孔里塞给他一支烟吗?当然给了。他替这个罪犯点了烟了吗?当然点上了。为什么呢?因为这个年轻的狱警马上明白了事情的得失利弊。这个罪犯看穿了年轻的狱警的立场和禁忌,或者叫弱点,因此满足了他的要求——获得一支雪茄烟。

因此,松下幸之助想道:如果我与客户谈判的时候站在对方的角度看问题,不就可以知道他们在想什么、想得到什么、不想失去什么了吗?

只要你肯换一个角度,懂得站在对方的处境看问题,松下先生立刻获得了一种快乐——发现一项真理的快乐。后来,他又把这条经验教给松下的每一个员工。

因此,如果你想要准确地理解他人,就需要采取换位思考的方式进行沟通。只有站在对方的位置和立场上来思考问题,才能够更准确地理解对方的想法和心理状态,才能真正找到沟通的结合点,增强沟通的针对性。若只强调自己的感受而不体谅他人的想法,就很难走入他人的内心世界,很难被他人接纳。这也就是我们常说的遇事要将心比心。

总之,换位思考是为了相互了解,互相理解,同时也是人与人之间交流沟通的平台,它拉近了人们相互间的关系,增进了相互间的情感,是交流沟通的桥梁与纽带。

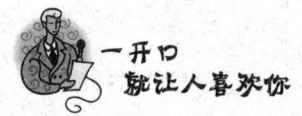

## 迂回说话，绕着弯子说服对方

在语言表达中，有的时候直来直去地说话并不能取得很好的效果，而需要采取"迂回"的手段来达到说话的最终目的。迂回之术不带刺，绕了一个弯后，让人不仅听明白了是怎么回事，最重要的是，人们能愉快地接受。这就要求我们在步入正题前，需要先来点"铺垫"，然后再一步一步导入中心，这样才会收到良好的效果。

美国有个倒卖香烟的商人到法国做生意。有一天，他来到巴黎的一个集市的台子上滔滔不绝地大谈抽烟的好处。这个时候，突然从听众中走出来一位老人，连声招呼也不打，就走到台上非要讲一讲不可。那位商人毫无准备，不禁吃了一惊。

这个老人在台上站定后，便大声说道："女士们，先生们，对于抽烟的好处，除了这位先生讲的以外，还有三大好处哩！我不妨讲给大家听听。"

这位美国商人听到老人说的这话，马上转惊为喜，连忙向老人道谢："谢谢您了，老先生。我看您的相貌不凡，说话动听，肯定是位学识渊博的老人，请您把抽烟的三大好处当众讲讲吧！"商人把这位老人大赞一番。

## 第三章 开口见心,心口结合的说话技巧

老人当时冲他微微一笑,便站着讲起来:"第一,狗见到抽烟的人就害怕,就逃跑。"台下的人很是莫名其妙,商人则暗暗高兴。"第二,小偷不敢到抽烟人家里去偷东西。"台下的人连连称怪,商人则喜形于色。"第三,抽烟者永远年轻。"台下的一片轰动,商人则满面春风,得意扬扬。

这让他激动得赶紧与老人握了个手,老人接着说:"女士们,先生们,请安静,我还没说清楚为啥会有这样三大好处呢!"商人格外高兴地说:"老先生,请您快讲呀!""第一,在抽烟的人中驼背的多,狗一看到他们以为拾石头打它哩,它能不害怕吗?"台下的人发出了笑声,商人则吓了一跳。"第二,抽烟的人夜里爱咳嗽,小偷以为他没有睡着,所以不敢去偷东西。"台下的人一阵大笑,商人则大汗直冒。"第三,抽烟的人很少有长寿的,所以永远年轻。"台下的人一片哗然。

在这里,那位老人表面上说得是香烟的好处,实则是说它的坏处,他运用的其实就是"迂回"的方式,而正是这种委婉的方式让人们明白了抽烟的坏处,假如老人只是直白地说出抽烟的坏处,恐怕不会使人产生信服心理。可见,在说服他人时,这点"迂回术"确实是比较灵的。

迂回地表达反对性意见,可避免直接的冲撞,减少摩擦,使对方更愿意考虑你的观点而不被情绪所左右。所以,如果你想说服他人,不仅要真诚相待,还要善于动脑,讲究谈话的艺术。尤其是当对方固执己见,谁去劝说他都不理不睬,泼水不进的时候,巧妙的办法就是避其锋芒,以迂为直。

春秋时期,吴王准备攻打楚国,他知道这个计划会遭到很多大臣的反对,于是对左右的人说:"谁要是对我攻打楚国发表反对意见,我就让他去死。"因此很多大臣都不敢来指出这个计划的错误。攻打楚国会

给吴国带来很大危害，吴王的宫廷近侍少孺子为了劝谏吴王，想了一个办法。

一天，吴王早起时发现少孺子浑身湿漉漉的，就问他是怎么回事。少孺子说："我带了弹弓，在后花园闲逛，想打些飞鸟。突然我发现了一件让我不能忘怀的事情：一只蝉在树上鸣叫，喝着露水。蝉不知道有一只螳螂正在它的下方悄悄地向上爬，正想把它作为自己的早餐呢！那螳螂伏曲着身子，张着足爪，沿着浓密的枝条，一步一步地接近了蝉。可螳螂哪里知道，这时有一只黄雀正藏在不远的一根树枝上，正要展翅飞来啄那只螳螂！黄雀伸着脖子以为很快就可以将螳螂吃到嘴里，哪里会想到这时我正用弹弓瞄准它，它也完蛋了！这三个小东西，都是只顾前，不顾后，它们的处境真是太危险了！而我呢，则因为看到这么精彩的场面，时间久了，让露水把衣服都沾湿了！"吴王听了少孺子的话，心中猛然警醒，同时也明白了少孺子的一番良苦用心，于是决定放弃攻楚的计划。

少孺子鉴于吴王的威严和其下的命令，不能直接进行劝谏，于是采用迂回的办法，连用三种动物，比喻其做事只图眼前利益，不知祸害就在后面，从而使吴王醒悟并接受了他的批评。可见，在说服对方的时候，通过迂回的办法去表达自己的反对意见，并力求使对方改变主张，是十分奏效的方法。

诚然，直来直去地讲话固然会给人留下真诚、爽朗的印象，但是如果不分情景、不分场合，一味地"直言以告"，这些不适当的"直言"就会形成一种消极的暗示，产生负面效果：不是使人感到抵触、厌倦，就是加重别人的心理负担。结果你非但没有说动人，反而会损害和谐的人际关系，给自己造成不必要的麻烦。因此，必要的时候，我们要学会使用迂回的说话策略。迂回着说话可以把一些不利的因素避开，把"词锋"隐遁，或把"棱角"磨圆,这样更便于听者接受。在使用说话策略时,可以故意说些与本意相关或相似的事物,来烘托本来要直说的意思,这就是我们通常所说的"曲径通幽"。有时候为了说动别人,达到自己的目的,就必须要把直话迂回着说。

总之,迂回说服不会得罪人,是说服他人的有效方式之一。所以,在说服过程中,要认真体会语言的敏感程度,最好能把话说得委婉动听,这样既达到了目的,又不至于使双方都难堪。

## 制造心理共鸣,让他人自觉地认同你

有时候,你把话说得再正确,哪怕说的是绝对的真理,但如果引不起共鸣、得不到认可,也等于空话。所以,如果你想使对方对你的讲话表示赞同,你首先要使对方相信你,相信你是他最好的忠诚的朋友,这是把你的意见转达给他的一条路。只要有一天能够做到这一点,就很容易在发言中引起对方的共鸣。

某单位新来一名大学生,他总是独来独往,终日不见一丝笑容,不主动跟人说话,显得架子挺大。同事们都有意疏远他。而那位大学毕业生却依然如故,我行我素。这一切都被科长看在眼里,作为一名富有经验的领导,这位科长凭直觉认为这位新同事心里肯定有难言之隐。基

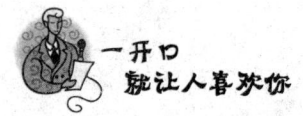

于此种判断,科长便处处留意观察,并利用一切机会接近他。每天上班时,科长总是热情招呼他,每次下班,科长也不忘问他一句:"怎么样,晚上有什么活动?"

日子一天天过去,这位科长锲而不舍的行动终于融化了那位新同事,他向科长吐露了自己的苦衷:他刚失恋,痛苦得不能自拔。听完他的倾诉,老科长语重心长地开导他说:"生活并没有对你不公,关键是你没有战胜自己的不良心态,失恋对你来说固然是个打击,但一切都可以从头开始呀。难道你一辈子都在这个阴影下面不出来吗?你可以不善待你自己,但你应该善待别人,尤其是你的同事,为什么要把你的不快带给别人呢?"经过科长一番耐心而热情的开导,那位大学毕业生终于茅塞顿开,从此解开了缠绕在心头的疙瘩,以崭新的精神面貌投入工作中,和同事友好相处。

沟通心灵的最好方式就是说话,把话说到对方的心里,调动对方的感情让对方产生共鸣,这就达到了心灵沟通的效果。众所周知,人非草木,孰能无情。感人心者莫先于情。心理学认为人的全部心理活动都离不开情感的伴随,情感犹如强大的驱动力,是人类认识和改造客观世界的内部力量。在人际交往中,我们应该高度重视情感的作用,有意识地抓住一些"动情点",用情感去感染对方,打动对方的心灵,给对方以激情和力量,有效地唤起对方的情感共鸣,把对方带入一个既饱含情感又充满理性的崇高精神境界之中,使之受到潜移默化的教育和鼓舞,取得最佳效果。

林肯在伊利诺斯州南部地方发表演讲,当时该处人民野蛮异常,在公共场所也要携带利刃和手枪。他们对于反对奴隶制度的人们非常愤恨,有如他们爱饮威士忌酒和好斗一样。因此对林肯的演讲,他们和那些从肯塔基和密苏里两地渡河而来的畜养黑奴的奴隶主们一同预备来捣乱一下。他们立下誓言，说林肯如在当地演讲，他们立刻把这个主张解放黑奴的人驱逐出场，并把他置于死地。

这个恫吓林肯早已听说了，同时他也知道这种紧张的情势对他是十分危险的，但是他却说："只要他们肯给我一个略说几句的机会，我们就可以热烈地握手"。他那篇精彩的演讲广为流传：

"伊利诺斯州的同乡们，肯塔基州的同乡们，密苏里的同乡们，听说在场的人群中有些人要和我为难，我实在不明白为什么要这样做？因为我也是一个和你们一样爽直的平民，那我为什么不能和你们一样有发表意见的权利呢？好朋友们，我并不是来干涉你们的人，我也是你们中间的一员。我生于肯塔基州，长于伊利诺斯州，我和你们一样是从艰苦的环境中挣扎出来的。我认识南伊利诺斯州的人和肯塔基州的人，也想认识密苏里州的人；因为我是他们中的一员，所以他们也应该对我有更深入的认识和了解。因为他们认识我、了解我，所以他们知道我并没有做对他们不利的事情。同时他们也绝不再想对我做不利的事了。同乡们，请不要做这样的愚蠢的事，让我们大家以朋友的态度来交往。我立志做一个世界上最谦和的人。绝不会去损害任何人，也绝不会干涉任何人。我现在诚恳对你们要求的只是求你们允许我说几句话，并请你们静心细听。你们是勇敢而豪爽的，这一点要求我想一定不致遭到拒绝。现在让我们诚恳讨论这个严重的问题……"

林肯当时说话的时候，面部的表情十分和善，声音也同情而恳切，所以这婉转而妥善的演讲的开头，竟把将起的狂涛止息了，把敌对的仇恨平息了。大部分的人都变成了他的朋友，大部分的人都对他的演讲大声喝彩。后来他当选总统，据说从那些粗鲁群众的热烈赞助中，得利不少。

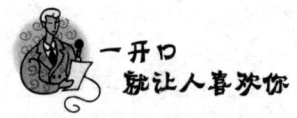

为什么会出现这样的结果,原因是林肯在演讲时和听众制造了一种心理上的共鸣——我也是你们其中一员。借此消除了大家的敌意,甚至还得到了大家的拥护。

人与人之间很难一开始就产生共鸣,所以必须先诱发对方与你交谈的兴趣,再经过一番深刻的交谈,才能让彼此更加了解。当你尝试说服他人,或对他人有所请求时,也同样适用。你不妨先避开对方的忌讳,从对方感兴趣的话题谈起,并且不要太早暴露自己的意图,等对方一步步赞同你的想法后,他们便不自觉地认同了你的观点。

# 利用权威效应,诱使对方坚信不疑

心理学上有一个权威效应,又称为权威暗示效应,是指一个人要是地位高,有威信,受人敬重,那么他所说的话及所做的事就容易引起别人重视,并让他们相信其正确性,即"人微言轻、人贵言重"。

有心理学家曾做过这样一个实验,充分证明了权威效应。心理学教授在给一所大学的心理学系的学生上课时,向学生介绍一位从外校请来的俄语教师,说这位俄语教师是从俄罗斯来的著名化学家。在试验中,这位"化学家"假装煞有介事地拿出了一个装有蒸馏水的瓶子,说这是他新发现的一种化学物质,有些气味,请在座的学生闻到气味时就举手,结果大多数学生都举起了手。对于本来没有气味的蒸馏水,由于这位"权威"的心理学家的语言暗示,使多数学生都认为它有气味。

这正是权威效应的奥妙之所在。有人群的地方总会有权威,人们对权威普遍怀有尊崇之情,人们对权威的深信不疑和无条件遵从,会使权威形成一种强大的影响力,利用这种权威效应则可以在很大程度上影响和改变人们的行为。

举世闻名的航海家麦哲伦正是因为得到了西班牙国王卡洛尔罗斯的大力支持,才完成了环球一周的壮举,从而证明了地球是圆的,改变了人们一直以来"天圆地方"的观念。麦哲伦是怎样说服国王赞助并支持自己的航海事业的呢?原来,麦哲伦请了著名地理学家路易·帕雷伊洛和自己一起去劝说国王。

那个时候,因为哥伦布航海成功的影响,很多骗子都觉得有机可乘,于是就都想打着航海的招牌来骗取皇室的信任,从而骗取金钱,因此国王对一般的所谓航海家都持怀疑态度。但和麦哲伦同行的帕雷伊洛却久负盛名,是人们公认的地理学界的权威,国王不但尊重他,而且非常信任他。

帕雷伊洛给国王历数了麦哲伦环球航海的必要性与各种好处,让国王心悦诚服地支持了麦哲伦的航海计划。正是因为相信权威的地理学家,国王才相信了麦哲伦,正是因为权威的作用,才促成了这一举世闻名的成就。

事实上,在麦哲伦的环球航海结束之后,人们发现,那时帕雷伊洛对世界地理的某些认识是不全面的,甚至是错的,得出的某些计算结果也与事实有偏差。不过,这一切都无关紧要,国王正是因为权威暗示效应——认为

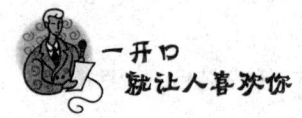

专家的观点不会错——从而阴差阳错地成就了麦哲伦环绕地球航行的伟大成功。

权威本身就意味着力量，借用权威的力量可以让别人信服你。在人际交往中，我们可以巧妙地利用权威效应来影响他人，制造一些权威的表象。给自己冠上一些权威的头衔，或者象征某种权威的身份标志，都能让人刮目相看，给他人以心的震撼，让人敬仰、信服，让人接受你、赞同你，改变自己的态度和行为来屈从于你的暗示和建议，从而达到引导或改变对方的态度和行为的目的。

王峥是某机电工厂的销售人员。一次，在与一个客户进行商谈的时候，他发现对方是一个心思极为缜密的人，因此在向客户介绍商品的时候讲解得特别详细，在回答客户的咨询时也回答得比较有条理，同时还把客户的意见用小本子记录下来。

王峥又给客户提供了一份商品的市场调查报告，便于他进一步了解自己商品的真实销售情况。对于这一点，王峥很是自信，因为本公司的商品销量确实很好，在市场上也有一定的名气，对客户也很有说服力。

但在交谈过程中，王峥发现客户对自己的商品质量还是有很大的疑虑。一连几次的回应都是：我们考虑一下、还要向领导请示一下等。

这下可把王峥难住了，到底是哪里出了问题呢？无奈之下只好向经理做了汇报，并寻求帮助。

具有丰富实战经验的经理只回答了一句话：两天后，会有一份资料传真给你，你拿给客户。

王峥收到文件后，按照经理的指示直接将资料送到客户的桌上，客户高层研究后态度大变，爽快签约。

原来，那份资料是王峥公司与客户所在行业中某家龙头企业的合作报告，并附带了该行业内权威专家的评价。客户看到这些极具权威效应的资料后，才终于消除了疑虑，很放心地做出了购买的决定。毕竟有那么多权威的推荐和认可，自己也没有什么不放心的了。

上述例子中，王峥所在的公司就是巧妙利用权威效应的影响来赢得客户的认可的。看来，在劝说他人支持自己的行动与观点时，恰当地利用权威效应不仅可以节省很多精力，还会收到非常好的效果。

权威效应是一种可以诱导他人心理的心理暗示，也是一种最常见的说服技巧。在人际交往中，适当利用权威效应可以使人们更加支持和相信自己的行动和看法，达到引导或改变对方的态度和行为的目的。

## 巧妙激将，让对方就范

俗话说："劝将不如激将。""激将法"就是利用人们的自尊心和逆反心理，从相反的角度"刺激"对方"不服气"的情绪，使其产生一种发奋进取的"内驱力"。如此一来，就能把对方的潜能充分发挥出来，实现良好的预期，达到其他劝说方法不能奏效的结果。

三国时期，诸葛亮就是用激将法来说服周瑜和他们联合起来一起抗击曹操的。当时曹操正率领大军南下，刘备根本无法与曹军抗衡，于是

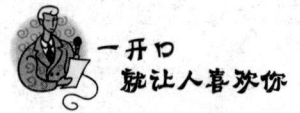

派出诸葛亮去东吴游说,希望得到东吴的帮助。

周瑜掌管着东吴的兵马大权,诸葛亮深知要想得到东吴的帮助,首先要说服周瑜。但是周瑜和东吴方面都不想跟曹操发生战争,所以诸葛亮打算用计谋说服周瑜。

在鲁肃的陪同下,诸葛亮见到了周瑜。周瑜听鲁肃汇报完当前的军事情况后,说道:"在这种情况下,我认为应该投降曹操。"周瑜如此回答,也是为了试探诸葛亮的反应,想摸清诸葛亮来东吴的真实意图。

诸葛亮十分清楚周瑜的目的,他笑了笑说:"东吴其实大可不必担心,你们只要把大乔、小乔两位美女献给曹操,曹操的百万军队自然就会无条件撤退。"接着,诸葛亮又高声朗诵起曹植写的《铜雀台赋》:"从明后以嬉游兮,登层台以娱情。见太府之广开兮,观圣德之所营。建高门之嵯峨兮,浮双阙乎太清……"朗诵完《铜雀台赋》之后,诸葛亮解释道:"这首赋是曹操在漳河修建铜雀台时,他的儿子曹植为了赞美父亲而作。这首赋的意思是说:在漳河如此风景秀丽的地方,修建了这座金殿玉楼,可谓是美之至极,一定要将东吴的大乔、小乔两位美女藏于此地。我想,对吴国来说,牺牲大乔、小乔来换取国家平安,就像是将两片叶子从大树上摘下来一样。所以,你们不妨将大乔和小乔送到曹营,这样,根本不用将军操心就能将问题解决了。"

周瑜听到诸葛亮的话后勃然大怒,他将酒杯狠狠地掷在地上,大声骂道:"曹操这老贼,实在是欺人太甚!"随后,诸葛亮趁机向周瑜分析了天下的形势,更加坚定了周瑜抗曹的决心。第二天,周瑜便向孙权请战说:"主公只要授予臣精兵数万来攻打夏口,臣必定能大破曹军。"由此,诸葛亮成功地联合了吴国。

人的行为不仅受理智的支配,也受感情的驱使,激将法就是利用某些语

## 第三章 开口见心，心口结合的说话技巧

言使别人放弃理智，凭一时感情冲动行事。所以，激将法最适合在那些经验较少，容易感情用事的对象身上使用。

史密斯在担任美国纽约州州长的时候，当时的辛辛监狱管理混乱，臭名昭著，那里缺了一名看守长，急需一位铁腕人物去管理监狱。一番选择后，史密斯觉得劳斯是最合适的人选，便召见了他说："去辛辛监狱做看守长如何？"

劳斯大吃一惊，他知道这是苦差事，谁都不愿意去，他考虑着这个险值不值得冒。史密斯见他犹豫不决，便说道："害怕了？年轻人，我不怪你，这么重要的岗位，需要一个重量级人物才能挑得起这副担子。"

劳斯被史密斯一激，一下来了劲头，欣然接受了这副担子。他上任后，对监狱进行大胆改革，尽力做好罪犯的帮教转化工作。后来，他成了美国最具有影响力的看守长。

人们往往都有逆反心理，你越不让他干什么，他偏干什么，尤其是在气氛激烈的情况下，对于那些好胜心强并且脾气暴躁的人，用"激将法"来达到用他的目的是最好的办法。

孟子说："一怒而天下定。"将激将法用到沟通中，如果运用得巧妙，往往可以让人改变原来的立场，化解分歧，达到目的。

小王是一个很有能力的年轻人，但平时工作却不怎么认真。老板就对他说："小王，这项工作只能交给你了，我知道你平时工作记录不是很出色，但是没办法，公司现在实在没人手，我希望你能尽心尽力地完成它。"听完这话后，小王很不舒服，甚至有不服气的感觉，心里想：

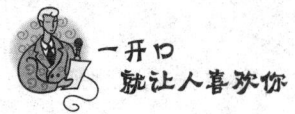

凭什么说我工作不出色？我要让你看看！就这样他把怒气转化为工作的力量，全心全意地去工作。

某公司改革用人制度，决定对中层干部张榜招贤。榜贴出后，大家都看好能力技术俱佳的技术员小陶。然而，由于某种原因，小陶正在犹豫。公司总经理找到他，直言相激："小陶，你不是大学的高才生吗？我以为你挺有出息的，没有想到你连个部门经理的位子都不敢接，我以前高看你了！你就是个庸才！"

"我是庸才？"话音未落小陶就跳了起来，说："我非干出个样儿来不可。"他当场揭榜出任了部门经理。

这是使用"激将法"的两个典型的例子，抓住被激励者的心理，狠狠地泼他一盆冷水，打击一下他的情绪，这样他会在愤怒之下迸发出更多的力量。

"劝将不如激将"，意在说明在某些特定的环境和条件下，若需激起某人的斗志，与其苦口婆心地正面劝说，不如故意给其刺激和贬低，从而激发其自尊心、自信心，获得重新振作的可能。需要注意的是，激将法并不是简单的讽刺或者挖苦对方，而是要"别有用心"地使用刺激性语言来激发对方的斗志和勇气，从而达到激将的目的。

第三章　开口见心，心口结合的说话技巧

## 利用"自己人效应"说服他人

在日常生活中，如果两个人关系很好，一个人就更容易接受另一个人的某些观点、立场，甚至对对方提出的难为情的要求也不太容易拒绝。这在心理学上叫作"自己人效应"。例如，同样一个观点，如果是自己喜欢的人说的，接受起来就比较快和容易。如果是自己讨厌的人说的，就可能本能地加以抵制。

在人际交往中，如果你想做一个说服高手，就要善于运用"自己人效应"。运用"自己人效应"，从自己这个角度而言，就是要使交往的对方确认你是他的"自己人"。林肯曾经讲过：一滴蜜比一加仑胆汁能够捕到更多的苍蝇，人心也是如此。假如你要别人同意你的原则，就应先使他相信你是他的忠实朋友，即"自己人"。用一滴蜜去赢得他的心，你就能使他走在理智的大道上。

1860年，林肯作为美国共和党候选人参加总统选举，当时他最大的竞争对手是出身名门望族的道格拉斯。道格拉斯是个大富翁，他组建了一支豪华富丽的车队，用来沿路宣传演讲。当时，他得意扬扬地说："林肯那个乡巴佬哪里见过这种阵势，就让他开开眼，闻闻我的贵族气味。"

当时，林肯的支持者见道格拉斯如此强势，都为林肯担忧。然而，

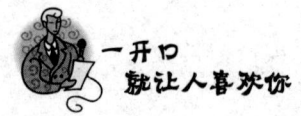

林肯一点也不惧怕。他登上支持者们为他准备的耕田用的马拉车,沿街发表竞选演说。

他这样说道:"有人写信问我有多少财产。我有一个妻子和三个儿子,他们都是无价之宝。此外,我还租有一个办公室,里面有办公桌一张,椅子三把,墙角还有一个大书架,架上的书值得每个人一读。我本人既穷又瘦,脸蛋很长,不会发福,我实在没有什么可以依靠的,唯一可以依靠的就是你们。"

当他说完这些话,整个人群都沸腾了,他们欢呼着包围住林肯那国内寒酸的马拉车,而道格拉斯那豪华的车队纵然有千万人观看,却没有几个支持者。最终,林肯在全国人民的支持下顺利当选为美国总统。

林肯之所以竞选成功,就是因为他利用"自己人效应"达到了说服的目的,让民众把他当成了自己人,从而对他大力支持。因此,当我们向对方提出自己的观点或要求时,必须要让对方相信,你是自己人,让对方认为你是站在他这边的,你是真心为他着想的。这样,双方的心理距离拉近后,对方就会消除戒备,从而更容易接受你的观点和看法,甚至向你提供帮助,这也自然地达到了说服的目的。

一家工厂面向社会招聘厂长,其中一位四十多岁的女士获得了大家的一致好评,最后胜出。让我们看看她在应聘过程中的表现:

问:"你是个外行,若被聘用后你以后靠什么治厂,怎样调动起大家的积极性?"

答:"论管理企业我并不认为自己是外行,何况我们厂还有那么多懂管理的干部和技术高超的老工人,有许多朝气蓬勃、勇于上进的年轻人。我上任后,把老师傅请回来,把年轻人的工作、学习和生活安排

## 第三章 开口见心，心口结合的说话技巧

好，让每个人都干得有劲，玩得舒畅，把工厂当成自己的家。"

问："咱们厂不景气，去年一年没发奖金，我要求调走，你上任后能放我走吗？"

答："你要求调走是因为工厂办得不好，如果把工厂办好了，我相信你就不走了。如果你选我当厂长，我先请你留下看半年内厂里有无起色再说。"

话音刚落，全场立即掌声四起。

问："现在正议论机构和人员精简，你来了以后要减多少人？"

答："调整干部结构是大势所趋，现在科室的干部显得人多，原因是事少，如果事情多了，人手就不够了。我来以后，第一目的不是减人，而是扩大业务、发展事业……"

问："我是一名女工，现在怀孕七个多月了，还让我在车间里站着干活，你说这合理吗？"

答："我也是女人，也怀孕生过孩子，知道哪个合理，哪个不合理，合理的要坚持，不合理的一定改正。"

女工们立即活跃了起来。有的激动地说："我们大多是女工，真需要一位体贴、关心我们疾苦的厂长啊！"

上例中，女厂长在对待员工的情感态度时，不是把员工当作管制的对象，也不是将其当作批评的对象，更不是当敌人来看待，而是把员工当成自己人，使双方心理距离拉近，进而产生双方心理吸引、情感共鸣，一点即通，一言即悟的境界。所以与人相处的过程中，要想取得对方的信赖，就要先和对方缩短心理距离，这样能提高你的人际影响力。

管理心理学中有句名言："如果你想要人们相信你是对的，并按照你的意见行事，那就首先需要人们喜欢你，否则，你的尝试就会失败。"所以，

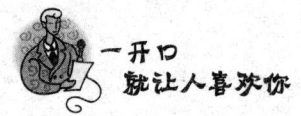

说服别人按照你的建议去做，只是向人们提出好建议是远远不够的，还要强化和发挥"自己人效应"，让人们喜欢你，避免好的建议遭到拒绝，达到说服的目的。

# 第四章 笑傲职场，用语言魅力增强自身影响力

第四章　笑傲职场，用语言魅力增强自身影响力

# 巧妙进言，让领导心悦地接受

在日常的工作和生活中，我们常常希望把自己的观点、想法、思路准确有效地传达给某些人，并且需要对方能够接受我们的意见或建议，然后实施，这个过程就是说服。

说服是一门很高超的技术。苏联教育家加里宁说："说服的内容从技巧不同的人嘴里说出，得到的效果是完全不同的。"所以在与领导的沟通过程中，只有找到说服的关键，把握上下级关系的特殊性，采取得体的语气、恰当的方式和技巧，讲究说服的艺术，才能收到良好的效果。

小王、小黄和小李是大学同学，毕业后，他们三个人同时应聘一家大公司的市场部，听命于同一位老板。三人的工作能力和表现都不错，两年以后都成了部门骨干。可是三个人在工作风格上有一个最大的不同，那就是当上司的决策出现问题时，小王置若罔闻，采取隔岸观火的态度；而小黄往往直言不讳地当着众人的面向上司指出来。如果上司安排的事情有明显的错误或不当，小黄甚至会顶着不办；小李则完全不同，当他觉得上司的决策有问题的时候，他会先私下给上司写一封邮件，表明自己的想法和担心。如果上司坚持，他也能认真去实施，尽量完成上司的想法。即使失败，他也主动承担自己那部分责任，从来不在

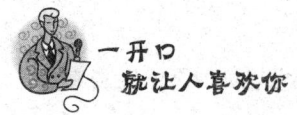

众人面前抱怨上司。三年过去了,上司升职在即,选接班人时,他毫不犹豫地选择了小李。

在工作中,给领导提出有效的意见是十分必要的。但对于领导来说,他又有他的自尊和权威,绝不容他人任意侵犯。即使他错了,也绝不容他的下属使他面子扫地。所以,向领导提建议时一定要把握分寸,不可鲁莽。

怎样才能使自己的观点让领导欣然接受呢?我们不妨运用以下几种提建议的方式。

1. 巧用暗示

在说服领导的过程中,可以采用委婉暗示的方法。当你发现领导的行为有所缺失时,不必说得太露骨,稍微暗示一下对方,或者旁敲侧击地提醒,领导通常能够明白你的意思,还会对你的善意规劝表示好感。

有一年,南唐税收严苛,百姓不堪重赋。很多大臣劝谏烈祖减轻赋税,都没有结果。当时逢京师又遇大旱,民不聊生。

一天,烈祖问群臣:"外地都下了雨,为什么唯独京城不下?"大臣申渐高一听,立即抓住这个机会进谏,但又不能直言,便诙谐地说:"因为雨怕收税,所以不敢入京城。"

烈祖天生睿智,知其话中暗含之意,大笑一阵后,即颁发圣旨,减轻税收,让百姓休养生息。

大臣申渐高借助一句幽默的话暗示烈祖应减轻税收,想不到竟收到如此奇效,为百姓做了一件好事。

暗示的说服方法就是通过曲折隐晦的语言形式,把自己的意见暗示给对方。这种语言表达方式既可以达到批评教育的目的,又可以避免使对方难堪。在指出领导不足的时候,我们也可以像申渐高一样,用暗示的方法,点到为止，让领导自己去领悟。毕竟是领导，说得太直接等于直接打在他脸上一样，他自然不会高兴。所以，在说服领导时，要多用一些小技巧，无论是明说还是暗示都要给领导留好台阶，以防引起他的不快。

2. 先赞美，后批评

在说服别人接受你的观点的时候，先赞美一下对方，再表达自己的观点，这样就很容易被对方接受。因为当我们听到他人对自己的优点加以称赞后，再去听一些不愉快的话，自然会比遭受直接批评感觉舒服一些。

在一次市场营销会议上，经理草率地决定了保健品的社区宣传推广计划，引起了很多人的质疑。这么重要的产品推广计划，怎么能在不做市场调研的情况下就草率决定了呢？于波耐不住自己的急性子，当面就提出了反对意见。

"经理，你的决定太草率了，我觉得还是应该先做调研后再做决定。"

"草率？"这个字眼似乎狠狠地刺激了经理，他刻意把它提了出来。"做事情就得有魄力，等你什么都调查好了，黄花菜都凉了。"

于波碰了一鼻子灰。

事后，经理确实没有实施原本定下的产品推广方案，而是转而进行市场调研。可是，原本由于波负责的调研工作，经理却全权交给了市场部的王洋。

原来，对于经理的决定，王洋与于波有着相同的看法。但与于波不同的是，王洋并没有直接指出经理的不对，而是私下里对经理说："我非常佩服您一贯果断的工作作风。但是，咱们这款保健品属于高档产品，而周围的居民区都是一些工薪阶层的老百姓，就怕咱们费了功夫而成效不佳呀。"

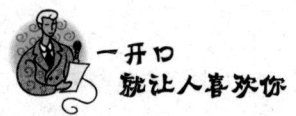

经理觉得王洋的意见提得非常有道理,于是决定采纳,并且把调查工作交给了王洋。

同样是希望经理改变决定,于波直击要害,指出经理行事"草率"。这种批评方式首先会让人感到不被尊重。而王洋则完全不同,他以赞美的话语作为批评的开端。这种批评的总体基调是让被批评者感到在人格上是被肯定、被尊重的,只是在具体问题上看法的不同而已。于是,领导会感觉有可商量、可讨论的空间,对来自王洋的意见也自然容易接受。

在说服领导的过程中,有的人会抓住问题,开门见山地说出领导所犯的错误。不过,批评就像一把利剑,可以救人,也可以杀人。当你随便拿起这把"剑"直接去"救"你的领导时,也最容易把领导刺伤。导致你十有八九加薪无望、升职无门。但如果你能巧妙地提出建议,比如在准备指出领导对一项工作考虑得不够周密或者有失误的时候,别急着全盘否定领导的意思,而要先找到可以肯定的点进行赞美,然后再指出问题的要点所在,这样领导就不会感到没面子,也乐于听取你的建议。

## 不断地肯定和赞扬你的下属

俗话说:"良言一句三冬暖,恶语半句六月寒。"人人都喜欢听好话,都希望得到他人的肯定。美国的一位著名的女企业家玛丽·凯经理曾说过:"世界上有两件东西比金钱和生命更为人们所需——认可与赞美。"

## 第四章 笑傲职场，用语言魅力增强自身影响力

赞美是管理者调动下级的积极性、激励下级工作热情、实现工作目标的绝佳方法，在领导工作中具有非常重要的作用。洛克菲勒曾经说过："要想充分发挥员工的才能，方法是赞美和鼓励。一个成功的管理者，应当学会如何真诚地去赞美他人，引导他们去工作。事实也证明，企业的任何一项成就都是在被嘉奖的气氛下取得的。"

赞美是一种鼓励，是一种肯定，赞美可以让平凡的生活富有乐趣，赞美可以把不协调的声音变成美妙的音乐，赞美可以激发人们的自豪感与上进心。

玛丽·凯所经营的美容、化妆品公司在全世界都享有盛誉。在玛丽·凯所提倡的以人为本的管理方式中，就提到了"赞美和鼓励"的艺术。

有一次，一个在公司中新跳槽来的业务员在跑营销屡遭失败后，对自己的营销技能几乎丧失了所有的信心。玛丽·凯得知此事后，找到这位业务员并对他说：

"听你前任老板提起你，说你是个很有闯劲的小伙子。他认为把你放走是他们公司的一个不小损失呢……"这一番话，把小伙子心头那快熄灭的希望之火又重新燃起了。果然，这位小伙子在冷静地对市场进行了研究分析后，终于为自己的营销工作打开了一个缺口，获得了成功。

其实玛丽·凯根本就没有与什么前任老板谈过话，但这一番鼓励和赞美之词却神奇地让这位业务员找回了自尊与丢失的信心。为了捍卫荣誉与尊严，他背水一战，做了最后的一搏，最终以再次的成功来增强自己的自信心。

赞美是一门艺术，恰当的赞美能够调动员工的工作积极性，能够使彼此

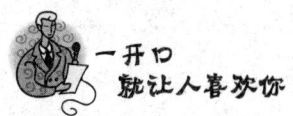

的关系更加和谐。对企业管理者来说，赞美员工是一笔小投资，但是它的回报却是非常丰厚的。管理者如果能学会赞美员工的技巧，掌握赞美别人的艺术，一定能收到意想不到的效果。

赞美是一种力量。一个人具有某些长处或取得了某些成就，他还需要得到别人的承认。如果你能以诚挚的敬意和真心实意的赞扬满足一个人的自我需求，那么任何一个人都可能会变得更愉快、更通情达理、更乐于协作。

现实工作中，当员工付出艰辛劳动、接受工作指派或取得成果时，他们往往更渴望得到别人的尊重与承认。这时候，给予其真诚的赞美，让人有一种如沐春风的感觉。因为赞扬就是认可他的价值，肯定他的工作，使他拥有一种成就感、满足感。真正成功的团队管理者，是那些善于恰当地赞美员工，肯定员工的人。作为管理者，你应该努力去发现可以对下属加以赞扬的事情，寻找他们的优点，形成赞美的习惯。

在第二次世界大战期间，有一位美国航空队的大队长发现由于保养不良出事故而损失的飞机，竟然和与敌交战所造成的损失相等！在用尽种种方法都失败之后，他创立了一个制度，即对保养维护工作做得好的士兵给予奖赏。奖品本身并不值钱，只是些奖状和军中福利品，或是48小时的休假等。

他对于由于保养不良而中止起飞次数最少的、在执行任务中机件故障最少的，以及执行战斗任务次数最多的飞机的保养人员给予这类奖励。

这位领导人还费尽心思来扩大这些奖励的成果：他举行颁奖典礼，拍照片并把照片送回到受奖人的家乡的报纸上去刊登，而且还为他们写特别推荐信、发公报。这些奖品也许不值什么，但随着这些奖品所带来的是得到更多人的肯定与赞美，尤其是得到家乡人的肯定与赞美，意义之重大，恐怕是百万美元都比不了的。这个大队因此很快成了杰出的飞机保养维护纪录的保持者。

## 第四章　笑傲职场，用语言魅力增强自身影响力

赞美之所以对人的行为能产生深刻影响，是因为它满足了人的自尊心的需要。赞美是对个人自我行为的反馈，它能给人带来满意和愉快的情绪，给人以鼓励和信心，让人保持这种行为，继续努力。赞美也是一种有效的激励，可以激发和保持一个人行动的主动性和积极性。

赞美是一件好事，但绝不是一件易事。管理者赞美下属时如不审时度势，不掌握一定的赞美技巧，即使你是真诚的，也会变好事为坏事。所以，管理者一定要掌握以下技巧：

1. 赞美要及时

当员工做出了成绩，或者做了件有益于公司的好事时，最希望被人知道。希望及时得到人们的赞美，这不是虚荣心的表现，而是正常的心理活动。而且心理学表明，人们的这一期待心理是有时间期限的，得到的赞美越及时，人们越容易受到鼓舞。如果拖延数周，时过境迁，迟到的表扬就会失去原有的味道，再也不会令人兴奋与激动。所以，管理者要记着把你的赞美及时送达员工的心里，哪怕是下属有了一点小小的进步，也不要忘记及时向他们表示你的赞扬。

2. 赞扬的态度要真诚

赞美下属必须真诚。每个人都珍视真心诚意，它是人际沟通中最重要的尺度。英国专门研究社会关系的卡斯利博士曾说过："大多数人选择朋友都是以对方是否出于真诚而决定的。"所以在赞美下属时，你必须确认你赞美的人的确有此优点，并且有充分的理由去赞美他。避免空洞、刻板、公式化的夸奖，或不带任何感情的机械性话语，这样会令人有言不由衷之感。

3. 赞美下属的特性和工作成果

赞扬下属的特性，就是要避免共性；赞扬下属的工作成果，就是不要赞扬下属的工作过程。

作为管理者，在赞扬一位下属时，一定要注意赞扬这位下属独自所具有

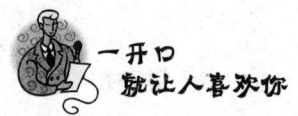

的那部分特性。如果管理者对某位下属的赞扬是所有下属都具有的能力或都能完成的事情，这种赞扬会让被赞扬的下属感到不自在，也会引起其他下属的强烈反感。

与此类似，管理者要赞扬的是下属的工作成果，而不是工作过程。当一件工作彻底完成之后，管理者可以对这件工作的完成情况进行赞扬。但是，如果一件工作还没有完成，仅仅是你对下属的工作态度或工作方式感到满意，就进行赞扬，可能不会收到很好的效果。相反，这种基于工作过程的赞扬，还会增加下属的压力，进而还会对管理者的赞扬产生某种条件反射式的反感。果真如此，管理者的赞扬也就弄巧成拙了。

4. 赞美要具体

表扬员工时要针对他的工作，而不是针对人，哪件事做得好，什么地方值得赞扬，说得具体些，才能使受夸奖者产生心理共鸣。比如"你刚才结尾的地方很有创意"。如此一来，员工便知道哪里做得好。倘若你进一步夸赞其内在特质："结尾做得很有创意，可见你是个很有创意的人。"这样就更能提升员工的心理满意度。相反，如果你对任何人都用一样的赞美之词，使用空洞、刻板的公式化的夸奖，或不带任何感情的机械性话语，那么时间久了，你的赞美之词就成了乏味的唠叨。

总而言之，赞美下属是一种不需要任何投资的激励方式。企业管理者千万不要吝啬自己的语言，真诚地去赞美每个人，这是促使人们正常交往和更加努力工作的最好方法。

第四章　笑傲职场，用语言魅力增强自身影响力

# 以商量的口吻对员工下达命令

在职场中，很多上司或领导只会发号施令，自以为很权威，实际上并没有得到下级的认可，反而会扼杀下级的创造性和进取心。相反，如果以发问的方式布置工作，以商量的口吻下达任务，往往比简单地下命令有效得多，它可以激发下级一些不寻常的创见和有价值的建议，而且能使下级在友好的气氛中愉快而自愿地接受指令，并竭尽全力去完成任务。

郑凯是一家小工厂的领导者。有一次，一位客户送来一份大订单。可是，他的工厂的活已经安排满了，而订单上要求的完成时间短得使他不太可能去接受它。

可是这是一笔大生意，机会太难得了。

他没有下达命令要工人们加班加点地干活来赶这份订单，而是召集了全体员工，对他们解释了具体的情况，并且向他们说明，假如能准时赶出这份订单，对他们的工厂和他们每个人会有多大的意义。

"我们有什么办法来完成这份订单呢？"

"有没有人有别的办法来处理它，使我们能接这份订单？"

"有没有别的办法来调整我们的工作时间和工作的分配？"

工人们提供了许多意见，并坚持接下这份订单。他们用一种"我们可以办到"的态度来得到这份订单，并且最终如期出货。

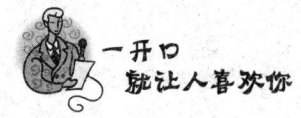

由此可见，领导者在安排下属去做事时，最好多用一些协商的语气，让下属知道你在安排他工作的同时也是在征求他的意见，这样他就更乐意接受，并且能快速有效地完成任务，否则，下属工作起来也是心不甘情不愿的。

在下达命令之前是否和下属商量，是否征求了他们的意见，对下属来说完全是两种不同的感受。不与他们进行任何商量，直接下达命令和任务，下属就会感觉这是在为领导完成任务，即使有一定的积极性，也很难发挥出自己的潜能。

但是，如果先同他们商量，先征求一下他们的意见，就会使下属认为这是领导对自己能力的信任和认可；如果下属的意见和领导的一致，或者更好，工作是按照下属的意见来做的，那么下属也会认为这是自己的意思，是在为自己工作，能否做好工作关系着自己在领导心目中的形象和地位的高低，关系着别人对自己的看法，所以就必须做好。这就可以充分发挥下属的积极性，使他们更好地完成任务。

北欧航空公司的董事长卡尔同样深知此道。他感觉到，公司内部的种种陈规陋习严重阻碍了公司的发展，他决心进行一次大改革，把北欧航空公司改造成欧洲最出色的航空公司。

卡尔松的想法是：找一个合适的人选，通过合理的授权，让下属找到一个能够达到既定目标的最佳途径。

卡尔松果然是一个好伯乐，他迅速找到了一个合适的人选。

一天，卡尔松专程拜会他，以提问的方式问道：

"我们怎样才能成为欧洲最准时的航空公司呢，你能不能替我找到答案？过几个星期来见我，看看我们能不能达到这个目标？"

## 第四章　笑傲职场，用语言魅力增强自身影响力

卡尔松深知管理的艺术：如果他告诉那个人应怎么怎么做，并且规定只能花200万美元，那么在规定的时间内，那个人也许不能圆满完成任务，他会在期满后过来说，他认真地做了，有一些进展，但仍要再花100万美元，而且完成任务的时间可能会在三个月之后。

精明的卡尔松并没有这么做，他是运用提问的方式让对方自己寻找答案，拜会回去后他就不用再思考这件事了，而他的合适人选正在苦思冥想，力图找到答案。

几个星期后，这名下属约见卡尔松，说：目标可以达到，不过大概要花六个月的时间，而且要用150万美元的巨资。随即，他向卡尔松说明了自己的全套方案。

卡尔松非常满意，他把这项任务交给了这名下属。

大约四个半月之后，这名下属请卡尔松来看他的成果。这时，卡尔松的目标已经达到，北欧航空公司已经成为全欧洲最为准时的公司，更为重要的是他还从150万美元的经费中节省了50万美元。

这就是征求意见之后再给员工下达命令的好处。世界上几乎没有任何一个人真正地喜欢听从别人发号施令，相反地，大多数人更愿意别人征求自己的意见和建议，用协商的口气与自己交谈。这也许是人的共性。"你觉得这么做行吗？""你是否能够尽快完成这项任务？"用这样建议性指令方式将会使下属不仅乐意听命于你，而且有一种被重视的感觉，从而格外认真地完成工作。

有一个员工这样说自己的领导者：他从来不直接以命令的口气来指挥别人。每次，他总是先将自己的想法讲给对方听，然后问道："你觉得这样做合适吗？"当他在口授一封信之后，经常说："你认为这封信如何？"如果他觉得助手起草的文件需要改动时，便会用一种征询、

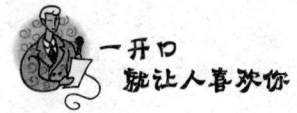

商量的口气说:"也许我们把这句话改成这样会比较好一点。"他总是给人自己动手的机会,他从不告诉他的下属如何做事,他让他们自己去做,让他们自己在错误中去学习,去提高。

可以想象,在这样的领导者身边供职,一定会感到轻松而愉快。所以,如果你要向下属下达命令,让他做你想要他做的事或是要他改正的错误,那就避免使用"命令"的口吻,不妨试试"商量"和"建议"的方法。

用商量的口吻下达命令,要求领导要心平气和、平等待人,以关心、信任的态度对待下属,不能自视特殊、"好为人师",也不能"连珠炮"似地发问,或中间打断下属的话头,应允许下属解释,谈不同看法,对的要肯定,错的予以指出,在友好的气氛中协商解决问题。

## 与同事说话的语言技巧

职场中要想与同事建立良好的人际关系,沟通就变得很重要。而要做到相互沟通,除了互相帮助,相互谅解之外,得体恰当的语言才是关键。很多争吵的发生,其根本原因就在于说话不得体,使对方误解,以致造成同事间的隔阂。

于娜在某公司做一名办公室文员,她性格内向,不太爱说话。可每当别人就某件事情征求她的意见时,她说出来的话总是很"刺"人,而

## 第四章 笑傲职场，用语言魅力增强自身影响力

且她的话总是在揭别人的"短儿"。

有一次，同部门的同事穿了件新衣服，别人都称赞"漂亮""合适"之类的话，可当人家问于娜感觉如何时，于娜直接回答说："你太胖，不适合。"甚至还说："这颜色你穿有点艳，根本不合适。"

这话一出口，便搞得当事人很生气，而且周围大赞衣服如何如何好的人也很尴尬。因为，于娜说的话有一部分是事实，比如说该同事就是比较胖。虽然有时于娜会为自己说出的话不招人喜欢而后悔，可很多时候，她照样说让人接受不了的话。久而久之，同事们就把她排除在集体之外，很少就某件事去征求她的意见了。

尽管这样，如果偶然需要听听她的意见时，她还是管不住自己，又把别人最不爱听的话给说出来。

现在在公司里几乎没有人主动搭理她。于娜自然明白大家不搭理她的原因。

在与同事交往的过程中，要讲究忌口，不能什么话都说，什么场合都说。如果言语毫无顾忌，只图一时之快，不讲方式方法，最终只会落得个罪人的下场。

同事是工作伙伴，不是生活伴侣，你不可能要求他们像父母、兄弟、姐妹一样真正地包容你、体谅你，很多时候，同事之间最好保持一种平等、礼貌的伙伴关系，彼此心照不宣地遵守同一种游戏规则，一起把游戏进行到底。更多的时候，你需要去体谅别人，站在同事的角度替他们想一想，也许更能理解为什么有些话不该说，有些事情不该让别人知道。所以与同事谈话必须要掌握好分寸，否则就会给你带来不必要的麻烦。

1. 以诚待人

在同事之间要建立良好融洽的人际关系，必须学会沟通，得体恰当地说

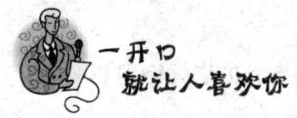

话。当你从一个环境转到另一个新环境，初来乍到时更要谨慎，以免因说话不当，使对方误解，产生隔阂。初到公司，我们应当以诚待人，学会与同事进行寒暄，不在与同事说话时自吹自擂，时刻保持谦虚友好的态度。

2. 闲谈时莫论人是非

只要是人多的地方，就会有闲言碎语。有时，你可能不小心成为"放话"的人；有时，你也可能是别人"攻击"的对象，这些背后闲谈，比如领导喜欢谁、谁最"吃得开"、谁又有绯闻等，就像噪声一样，影响人的工作情绪，聪明的你要懂得，该说的就勇敢地说，不该说的一定不能乱说。

3. 尊重同事

在人际交往中，自己待人的态度往往决定了别人对自己的态度。因此，你若想获取他人的好感和尊重，必须首先尊重他人。研究表明，每个人都有强烈的友爱和受尊敬的欲望。由此可知，爱面子的确是人们的一大共性。在工作上，如果你不小心，很可能在不经意间说出令同事尴尬的话，表面上他也许只是脸面上有些过意不去，但其心里可能已受到严重的创伤，以后对方也许就会因感到自尊受到了伤害而拒绝与你交往。

4. 不要当众炫耀自己

如果自己的专业技术很过硬，如果老板非常赏识你，这些就能够成为你炫耀的资本了吗？再有能力，在职场生涯中也应该小心谨慎，强中自有强中手，倘若哪天来了个更加能干的员工，那你一定会马上成为别人的笑料。倘若哪天老板额外给了你一笔奖金，你就更不能在办公室里炫耀了，别人在一边恭喜你的同时，一边也在嫉恨你呢！

5. 避免争执

同事之间由于经历、立场等方面的差异，对同一个问题往往会产生不同的看法，引起一些争论，一不小心就容易伤和气。因此，与同事有意见和分歧时，一是不要过分争论。客观上，人接受新观点需要一个过程，主观上往往还伴有"好面子""好争强夺胜"的心理,彼此之间谁也难以服谁,此时如果过分争论,就容易激化矛盾而影响团结;二是不要一味"以和为贵"。即使涉及原则问题也不坚持、不争论,而是随波逐流,刻意掩盖矛盾。面对问题,特别是在发生分歧时要努力寻找共同点,争取求大同存小异。实在不能一致时,不妨冷处理,表明"我不能接受你们的观点,我保留我的意见",让争论淡化,又不失自己的立场。

6. 多补台不拆台

工作单位就是一个大家庭,我们每一位成员都是家庭里的一分子,我们相互之间要多联系、多沟通、多协调,少猜疑、少指责、少说怪话,要相互"补台",而不"拆台",做到不利于团结的话不说,不利于团结的事不做,精诚团结,与同事之间团结协作、共同进取。特别是在与其他单位的人接触时,要形成"团队形象"的观念,多补台少拆台,尽量不要为自身小利而损害集体大利,最好家丑不外扬。

7. 自曝劣势

在职场中,当你明显比同事强时,你在感情上还是要和大家在一起,千万不能与他们拉开距离,同事们也就不会再嫉妒你了,同时也会在心里承认你的优秀是靠自己努力换来的。当你处于优秀的位置时,要注意通过平时的交谈,用语言突出自己的劣势,从而减轻妒忌者的心理压力,寻找到一种心理平衡,进而淡化乃至免除他人对你的嫉妒。在你自曝劣势、"不耻下问"的过程中,你与工作中其他同事的关系往往会更加紧密,从而创造出更加美好的成果。

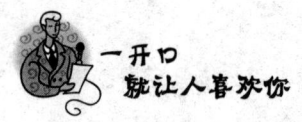

## 良药不苦口,批评下属有技巧

人非圣贤,孰能无过? 在日常工作中,下属的工作常常会出现某些偏差和错误,这个时候就需要管理者对下属进行批评教育和纠正,达到避免再犯的目的。但是批评的尺度和方法却又必须掌握得当,不然效果就会适得其反。

"小赵,你到我办公室来一趟!"销售部经理"啪"的一声挂了电话,这让刚刚还和同事有说有笑的小赵一下子心惊胆战起来,他硬着头皮走进了经理办公室。

"看看你这个月的销售业绩,怎么这么差啊?你看看人家小李,刚来两个月,业绩就做到本月第一名。你以为我能让你拿这么多的薪水,我就不能让别人拿的比你更高?再这样下去,你这个销售冠军还能保持多久?"还没等小赵开口,坐在老板椅上的经理就是一阵连珠炮般地轰炸,说完还把一沓厚厚的报表扔在小赵面前。

"经理,我……"小赵本想趁这个机会就此事与经理正面沟通。

"什么都不用说了,回去好好反省吧。我再给你一个月的时间,要是下个月你的业绩还不能提升,那我就要扣你的年终奖金了。好了,你先出去吧。"经理不耐烦地摆手示意欲言又止的小赵出去。

一肚子委屈的小赵无奈地走出经理办公室,回想起经理那咄咄逼人的架势,他心里十分窝火。自己从公司创业到现在一直风雨无阻、任

## 第四章 笑傲职场，用语言魅力增强自身影响力

劳任怨地开发新客户、巩固老客户，拓展了公司近30%的现有市场，客户的投诉率一直保持在全公司最低，年年被评为优秀员工，而这些经理好像全都忘记了。这个月小赵被经理分派到刚开发的新市场，客户数量不多，但与前期相比，现在正以10%的速度增长。再加上本月由于公司总部发货不及时，有很多客户临时取消订货单，销售额与成熟市场当然不能比，而小李是新员工，一开始就被安排到原有的老市场，客户源稳定，客户关系网坚固牢靠，加上市场形势大好，自然丰收在即。小赵觉得经理只看数字，不问事实，真是太不公平了，真想辞职走人。

显然，事例中这个销售部经理的批评并没有起到积极的效果，它不但没有激发小赵的积极性，还严重损伤了他的工作热情。

批评是一个敏感的话题，哪怕是轻微的批评都不会如赞扬那样使人感到舒畅。如果管理者态度不诚恳，或者居高临下、冷峻生硬，就会引发矛盾，产生对立情绪，使批评陷入僵局。因此，批评必须注意态度，诚恳而友好的态度就像一剂润滑剂，往往能使摩擦减少，从而使批评达到预期效果。

人在本性上都是不愿受到指责、批评的，不管你说得对不对，都可能让人不舒服。但是，批评时如果注意方式方法，则能让人感到安慰从而接受的。这就要求管理者能使批评达到春风化雨、甜口良药也治病的效果。

小王上班经常迟到，理由也是花样百出，什么塞车、身体不适、隔壁邻居有困难需要帮助……连经理都佩服她怎么能想出那么多的理由。

这一天到了下班时间，经理不经意地走到小王的座位旁边问："小王，今天晚上有什么事情吗？"

小王完全想不出经理这么问的理由，只好老老实实回答："没有什么事情。"

"那么就请你早点睡，我不想看见你明天再迟到。"

其他同事都偷偷捂着嘴笑，小王也尴尬地笑了笑。此后小王迟到的次数明显减少。同事们以此打趣小王时，小王说："经理都那样宽容我了，我怎么好意思再迟到？"

这位经理很有批评的技巧，用笑谈的方式消除了小王的情绪反弹，让她切实地改正自己的错误。这样的管理者，当然会被大家所接受、欢迎和拥护。所以，作为管理者，在与下属谈话时，尽量让自己的批评软着陆，才能赢得下属的好感和尊重。

有一次某大型钢铁集团的电工在处理电器线路时，遇到了技术上的问题，结果比原计划迟了十分钟才修好，惹得那个领导很不高兴，对着辛辛苦苦、加班加点连续工作了近13个小时的电工大声吼道："你们都是一群猪，只知道拿钱不会干活的猪！为了惩罚你们的失误，我要让你们电工组全体人员和钳工组集体对换。"

隔行如隔山，电工和钳工是两个专业性很强的工种，让他们对换，简直是胡闹。这样不仅不利于企业生产，而且还会使企业陷入瘫痪状态，直至关门倒闭。面对这样近似荒唐的做法，几个副职和电工、钳工班的班长希望那个领导收回成命，结果吃了闭门羹："难道我一个堂堂的领导，说话就不算数了吗？难道你们不把我放在眼里，想造反吗？不想干，都给老子滚蛋。"

工作中，下属可能会无意地犯错，使管理者不得不对其进行批评。但是必须注意应该就事论事，避免伤害到员工的信心，不能侮辱下属的人格，更不能使用污秽难堪的字眼。人人都有自尊心，即使犯了错的人也是如此。管理者在批评时要顾及下属的情感，切不可随便伤害。否则，不仅达不到惩前毖后的效果，反而会为自己无故树敌，增加工作阻力。

法国飞行先锋和作家安托·德·圣苏荷依说过："我没有权力去做或说任何事以贬抑一个人的自尊。重要的并非我觉得他怎样，而是他觉得自己如何，伤害他人的自尊是一种罪行。"保护下属的自尊心，这是很重要的。当管理者需要批评或惩戒他人时，应该记住这一点。批评下属也是一门学问，如何对待犯错误的下属是管理者必须谨慎对待的一个大问题。

## 如何向领导提出加薪的请求

在职场中，我们虽然不能简单地把收入直接等同于能力，但是收入毕竟是我们的工作能力或工作价值的一种反映，我们都渴望自己的工作成绩能够跟我们的收入成正比。当我们的业绩和收入不一致的时候，我们当然希望向领导表达出自己提升工资的愿望，但是这种提议就像一个雷区一样，需要我们在合适的时刻、合适的地点，非常机智地向领导表达出来，才会让领导更容易接受，否则不但加薪不成，反而引起领导的反感，甚至会因此被领导逐渐疏远。

加薪是岳华渴望已久的事情。论起资历，他在厂里一干就是四年，自认工作态度良好，也没有犯过什么过错，可是老板根本没有给他加薪的意思。岳华觉得自身价值得不到体现，心里很烦闷。也曾多次在工作总结会上暗示过老板，但老板对此也没有丝毫反应。让他明确地向老

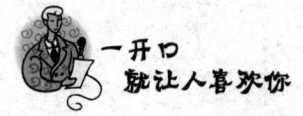

板提出这个要求，又觉得不好意思，怕遭到拒绝，但是不说的话又不甘心。最后他还是鼓起勇气，委婉地向老板说明了自己希望加薪的意思。出乎意料的是，老板在观察他工作几周后果然为岳华加薪了，事情就这么简单。岳华认为，只要是属于自己的正当权益，就应该努力去争取。

当然，向老板提出加薪也要讲究技巧。岳华之所以不敢贸然提出加薪，也与他的朋友李浩要求老板加薪的失败有关。

李浩认为他的这个经历比较惨痛。李浩曾经在一家公司工作快三年了，对自己的工作熟悉到不能再熟悉的程度，而老板一直没有给他加薪的意思。年轻的李浩一时冲动，就以熟悉业务为谈判条件向老板提出调动职位，其实是想迫使老板给他加薪。李浩后来对岳华讲，当时的举动是非常错误的。结果是薪水没有加还弄了个不欢而散。此后，李浩与老板的关系大不如前，最后不得不离开那家公司。

只要你认为加薪是合理的，你就有权提出。但提出加薪时最好是巧妙地、有技巧地同领导交流自己的想法，就算万一不被领导接纳，也不会给大家留下难堪，以致影响日后的工作。所以说，和领导提加薪是一个技术活，不仅要注意条件和时机是否成熟，还要掌握一定的技巧。

1. 选择适当的时机

如果你选择在公司遇到麻烦或领导心情正郁闷的时候向领导提出加薪，结果可想而知。所以，选择适当的时机非常重要。最好的时机是当领导沉浸在成功的喜悦中，或是他的家人有什么喜事而使他轻松愉快的时候，这时你向他提出适当的要求他就比较容易接受。

杰西是一位地产公司的销售总监，他才能出众，在1998年世界经济动荡的危急时期依然保持了较高的销售业绩。杰西认为，自己在危急关

## 第四章 笑傲职场，用语言魅力增强自身影响力

头为公司立下了汗马功劳，老板理应为他大幅加薪。可是，他却忽略了一些事实：尽管该公司的销售情况很好，但由于受到经济危机的影响，该公司的资产还是缩水了将近30%；老板虽然对他的工作十分满意，但当时正好赶上老板的儿子出车祸丧生，老板一度陷入悲痛之中。杰西没有考虑这些，就冒冒失失地找老板谈加薪的事，结果可想而知，老板没有答应他的请求，相反，还把他训斥了一顿。

杰西感觉自己很委屈，就去找朋友诉苦。朋友帮他仔细分析了老板发怒的原因以后，杰西才恍然大悟，于是便老老实实地继续做自己的工作。到了第二年，杰西率领销售团队帮助公司实现了利润的翻倍，此时恰逢老板又得了一个儿子。杰西在向老板表示庆贺时，老板主动提出为他加薪。

由此可见，提出加薪的时机是非常重要的，我们只有勤于观察、善于揣摩，才能找准说话的最佳时机，从而为自己赢得胜利。

2. 有理有据

说服领导给你加薪确实不是一件易事，万一操纵不好，就有可能破坏自己在领导心中的良好形象，影响日后的工作。因此，在开口向领导要求加薪时，最好先列出谈话要点，然后有理有据地展开。当他意识到给你加薪有百利而无一害，甚至还能憧憬到不久就能收获滚滚财源时，你的目的才能达到。

柴华毕业于复旦大学，现在在一家香港大公司任职。毕业时，她的工作地点是上海，和当地消费水平相比，月薪算是很高了。但今年她被调到了香港总部，和香港同行相比，薪水就显得较低了，所以柴华萌生了要求加薪的想法。恰逢本年度业绩评估报告出炉，柴华的业绩表现处于中上等，她决定抓住这个机会和领导谈谈。

在谈话中，柴华开门见山，直接表达了想要加薪的愿望。领导微笑

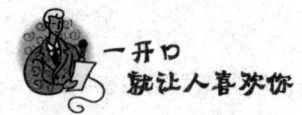

着问她:"你准备怎样说服我?"柴华摊开面前的第一份资料,上面记载了她进入公司以来的优秀表现和重大业绩。一一陈述完毕后,柴华又打开一份自己自进入公司以来的工资变动曲线图。图表清晰地表明,柴华的工资涨幅一直不大,明显低于同行水平。

同时,柴华强调说,自从来到香港,自己又拿到了MBA(工商管理硕士)。工作能力大有提高,薪水理应上一个台阶。领导听罢,爽快地说:"公司将继续观察你一段时间。如果你的确在工作中表现出了比以前更强的能力,可以考虑给你加薪。"

此后不久,柴华的加薪愿望就实现了。

在提出加薪请求时要有理有据,以底气作为基础。底气足不足,自己最清楚。没有底气,加薪的事也就不用提了。所以说,加薪的前提是要有底气。底气是什么?也就是你平时的工作表现以及你为公司的发展所做出的努力。有了这一切,你的底气自然就上来了,提不提加薪是你自己的事,但有一点可以确信,你迟早会被加薪,因为群众的眼睛是雪亮的。

# 第五章 能说会道，就这样打动客户的心

第五章　能说会道，就这样打动客户的心

## 唤起客户的好奇心

在销售过程中，激发客户的好奇心，就能够使顾客对产品产生兴趣吸引力。

好奇心是人类认识大自然和自身的原动力。由于好奇心，人类不断地探索，不断地累积知识和文化。同样的道理，在销售过程中，好奇心也是促使产品更新、提高产品销量的重大心理因素。

一位销售电饭锅的销售员小李去拜访顾客，打过招呼后，小李说："您想不加水也能煮出一锅美味的靓汤吗？"

小李的开场白很巧妙，他提出一个很有趣的问题——不加水也能煮汤，自然吸引了客户的兴趣，因为他打破了"无水不成汤"的铁律，这位顾客就会很想见识一下这种神奇的电饭锅。因此，开场白一定要说到顾客的心里去，巧妙地引起顾客的注意力，让顾客对自己销售的产品产生好奇心。

这位顾客笑了起来："这怎么可能呢？不加水就能煮一锅汤不是天大的笑话吗？"

"怎么没有，您看。"小李说着就从包里拿出他带来的电饭锅，"用这个电饭锅就能实现。怎么，您不信？没关系，眼见为实，用过您

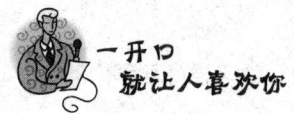

就相信了。"说完,小李就开始行动起来。他把原料放进锅里,插上电源,按了一下开关。"您肯定会问为什么不加水也能煮汤,其实就是因为我们的锅在烹饪时不冒气,所以水分就不会散失。食物在高温作用下细胞中的水分被释放出来,就可以形成一锅美味的汤汁。"要想让顾客相信自己所说的话,就要让他们看到真正的实例。小李为了让顾客相信这个电饭锅的作用,当场为他煮了一锅汤,让他被热乎乎的美味征服。

没过多久,汤就做好了,顾客一品尝,汤汁鲜美,还有一股浓浓的肉味,真是不错。小李趁机解释说:"我们这种电饭锅不仅不用水还不用煤气。而且有一个独特之处就是它在烹饪时始终不沸腾,因为应用了我们独有的'温压精确控制'技术,烹饪时不溢锅、不冒气、无污染,使用起来安静更安全。"

小李的成功虽然有各个方面的原因,但最关键的还是他一开始就牢牢地吸引住了顾客的注意力,让其一直被自己所左右。顾客的每一步反应都是基于不用加水就能煮汤的好奇中。好奇是人的天性,如果销售员能利用顾客的好奇,让他们对商品产生兴趣,直接把顾客的注意力聚集到商品上,你就成功了一大半。

诱发好奇心的方法是在见面之初直接向有购买欲望的顾客说明情况或提出问题,讲一些能够激发他们好奇心的话,将他们的思想引到你可能为他提供的好处上。

某大百货商店老板曾多次拒绝接见一位服饰销售员,原因是该店多年来经营另一家公司的服饰,老板认为没有理由改变这固有的关系。后来这位服饰销售员在一次推销访问时,首先递给老板一张便笺,上面写着:"你能否给我十分钟就一个经营问题提一点建议?"这张便条引起了老板的好奇心,于是销售员被请进门来。他拿出一种新式领带给老

## 第五章 能说会道，就这样打动客户的心

板看，并要求老板为这种产品报一个公道的价格。老板仔细地检查了产品，然后做出了认真的答复。销售员也进行了一番讲解。眼看十分钟时间快到，销售员拎起皮包要走。然而，老板却主动要求再看看那领带，并且按照销售员自己所报的价格订购了一大批货，而这个价格略低于老板本人所报价格。

可见，那些顾客不熟悉、不了解、不知道的东西，或与众不同的东西，往往会引起人们的注意，销售人员可以利用人人皆有的好奇心来引起顾客的注意。

如果想使对方产生好奇心，那就要引起对方的兴趣，同时又要有对方所不知道的内容，这才能促使对方进一步行动，想弄清楚不明白的问题。销售过程中，运用适当的手法唤起客户的好奇心，使客户对你的产品产生进一步探讨的欲望，这是销售中惯用的手法。

20世纪60年代，有一位相当优秀的销售员，他有个名副其实的绰号叫作"花招先生"。他拜访客户时会把一个三分钟的蛋形计时器放在桌上，然后说："请您给我三分钟，三分钟一过，当最后一粒沙穿过玻璃瓶之后，如果您不要我再继续说下去，我就会离开。" 他会利用蛋形计时器、闹钟、20元面额的钞票及各式各样的花招，让他有足够的时间让客户静静地坐着听他说话，并对他所卖的产品产生兴趣。"某某先生，请问您知道世界上最懒的东西是什么？"顾客摇摇头，表示猜不准。"就是您收藏起来不花的钱，它们本来可以用来购买空调。让您度过一个凉爽的夏天。"销售员说。

以上的事例说明，能引起对方的好奇心，就能进一步实现相互接近的目的。因此，引发对方的好奇心也是销售的重要手法。

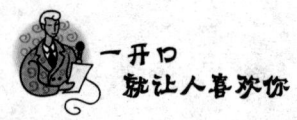

引发好奇心不是故弄玄虚，还要与对方的需要联系起来，触发对方心理上的敏感点。例如，告诉对方说："您亲自看一看就会知道，这一定是您送给女朋友最好的礼物。"或者借助权威者态度打动对方，如："这种产品在国外展览时，连某国总统都惊动了。"或者告诉对方都有哪些名人买了这种产品，对方要见到也一定会喜欢。

好奇心是人们普遍存在的一种行为动机，顾客的许多购买决策有时也多受好奇心理的驱使。客户的好奇心是天生的，是人人都有的。在实际的销售工作中，销售人员可首先唤起客户的好奇心，引起客户的注意和兴趣，然后再说出商品的利益，并迅速转入面谈阶段。好奇心是人类所有行为动机中最有力的一种，唤起好奇心的具体办法则可灵活多样，尽量做到得心应手，不留痕迹。

## 有效的提问，让你赢得客户

在与客户的沟通中，很多人都拥有一副伶牙俐齿，但"客户不开口，神仙难下手"。我们的目的是让客户来主动讲话和我们进行有效沟通，因此有效的提问就尤为重要。通过提问，销售员可以了解客户是否完全理解自己的意图，而利用反馈提问又可以确认自己有没有听错客户的意思，以保证自己与客户之间进行良好的双向沟通，并使销售沟通过程中可能出现的问题降到最低限度。

提问不仅是一种弄清所谈论话题的最佳方式，而且也是一种确认谈话双

## 第五章 能说会道，就这样打动客户的心

方都能理解彼此看法、期望与需要的最佳方式。谁能打开客户购买决策的黑箱子，谁就能最有效地进行销售。倾听与询问是打开客户内心黑箱子的两把钥匙，以下是关于服装销售的一个案例，也许会给你带来一些启发。

销售员："王先生，您穿多大码的西装？"

……

销售员："王先生，想必您一定知道，以您的身材想挑一件合身的衣服，恐怕不太容易，起码衣服的腰围就要做一些修改。请问您所穿的西装都是在哪里买的？"

销售员强调市面上的成衣很少有买来不修改就适合王先生穿的。他还向王先生询问所穿的西装是在哪一家买的，借此来了解他的竞争对手是谁。

王先生："近几年来，我所穿西服都是在观奇洋服买的。"

销售员："观奇洋服的信誉不错。"

王先生："我很喜欢这家公司。但是，正像您说的，我实在很难抽出时间挑选适合我穿的衣服。"

销售员："其实，许多人都有这种烦恼。要挑选一套自己喜欢并且适合自己身材的衣服比较难。再说，到处逛商店去挑选衣服也是件累人的事。本公司有500多种布料和式样供您选择。我会根据您的喜好，挑出几种料子供您选择。"

销售员强调，买成衣不如定做得好。

销售员："您穿的衣服都是以什么价钱买的？"

销售员觉得现在该是提价钱的时候了。

王先生："一般都是2500元左右。您卖的西服多少钱？"

销售员："从1500元到4000元都有。这其中有您所希望的价位。"

销售员说出产品的价位，但只点到为止，没有做进一步说明。

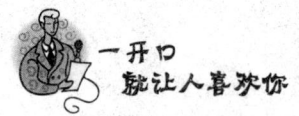

销售员:"我能给客户带来许多方便。他们不出门能就买到所需要的衣服。我一年访问客户两次,了解他们有什么需要或困难。客户也可以随时找到我。"

销售员强调他能为客户解决烦恼,带来方便。销售员的客户多是企业的高级主管,他们主要关心方便性。

销售员:"王先生,您很清楚,现在一般人如果受到良好的服务,会令他受宠若惊,他会认为服务的背后是否隐藏着什么其他条件。这真是一个可叹的事。我服务客户很彻底,彻底到使客户不好意思找其他的厂商,而这也是我殷勤服务客户的目的。王先生,您同意我的看法吗?"

销售员强调"服务",因为,他相信几乎每一位企业的高级主管都会强调"服务"。所以,销售员在谈话末了以"您同意我的看法吗"这句话来引导王先生的回答,销售员有把握让王先生做出肯定的回答。

王先生:"当然,我同意您的看法。我最喜欢具有良好服务的厂商。但现在这种有良好服务的厂商越来越少了。"

销售员觉得王先生的想法逐渐和自己的想法一致。

销售员:"提到服务,本公司有一套很好的服务计划。假如您的衣服有了破损、烧坏的情形,您只要打电话,我们公司会立即上门服务。"

由于王先生重视服务,所以销售员向王先生提起公司有一套很好的售后服务,能解决王先生的烦恼。

王先生:"是啊,我有一件海蓝色西装,是几年前买的,我很喜欢,但现在搁在家里一直没有穿。因为近几年我的体重逐年减轻,这套西装穿起来就有点肥。我想把这套西装修改得小一点。"

销售员记住了王先生的话:王先生有一套海蓝色的西装需要修改。

销售员:"王先生,我希望您给我业务上的支持。我将提供您需要

## 第五章　能说会道，就这样打动客户的心

的一切服务。我希望在生意上跟您保持长久的往来，永远替您服务。"

上面这段交流提示了有效的销售要求在销售员与客户之间的信息流动。为满足客户的需求，销售员必须提问并能仔细倾听客户的回答及评论。有效地提问是建立同客户和谐关系过程中最重要的一个步骤。

销售员通过巧妙地提问，就能使客户说出他们对购买销售员销售的产品或服务犹豫不决的真正原因是什么，以及他们最大的顾忌又是什么。一旦客户向销售员敞开心扉，说出自己的顾忌，销售员也就真正了解了客户拒绝购买的潜在原因，也就知道该如何妥善解决这些问题。

一名汽车销售员有着多年的销售经验，他知道，客户要做出这项决定并不容易，特别是老年客户。如果他这样说："先生，您只需付20万，这辆车就归您了。您看怎么样？"客户往往不会轻易地做出决定，他或许需要时间考虑考虑，但是这位销售员通过向客户提问，卖出汽车就顺利多了。请看他们之间的对话：

"您喜欢两个门的还是四个门的？"

"哦，我喜欢两个门的。"

"您喜欢哪一种颜色呢？"

"我喜欢黑色的。"

"您要带调幅式还是调频式的收音机？"

"还是调幅的好。"

"您要车底部涂防锈层的车吗？"

"当然。"

"要染色玻璃的吗？"

"那倒不一定。"

"汽车胎要白圈吗？"

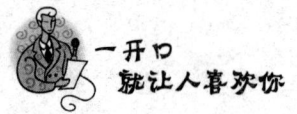

"不,谢谢。"

"我们可以在5月1日,最晚8点交货。"

"5月1日最好。"

在提出了这些对客户并不难做的小决策后,这位销售员递来订单,轻松地说:"好吧,先生,请在这里签字,现在您的车可以投产了。"

说服客户有时候并不是简单地用你的一套说辞就能成功的,相反,你如果能够通过不断地提问,引导客户按照自己的意图进行思考,那么,说服客户购买相对来说就简单得多了。从成功销售员的实践中可以发现,他们经常采用提问的方式使客户不知不觉地顺着预先设想好的路走下去,最终到达了销售员梦寐以求的成交的终点站。

提问与销售过程的每个阶段都有着密切的关系:在早期开发客户的阶段,提问可以帮助我们识别客户;在激发客户需求阶段,明确客户的问题和清楚地展示你的产品或服务、怎样以更节约成本的方式帮助客户解决问题,提问就是核心;在后期促成客户成交并采取行动阶段,同样离不开提问。所以,销售人员必须要掌握有效提问的方式方法。

第五章　能说会道，就这样打动客户的心

## 越明确的数字资料越能给人信任感

数字是一种语言符号，一种语言信息。数字能给人一种真实、具体的感觉，让对方在脑海里形成清晰的图像。如果在说服过程中能巧妙地运用数字，将会取得事半功倍的效果。所以很多深谙口才技巧的人在关键时刻，尤其是正规的商业场合，都会借助数字来说话。

有那么几年，世界各地，飞机经常失事，对经常外出出差、旅行、留学者来说，他们对此感到恐惧万分。

有一天在航空公司买机票时，有人开玩笑地向一位职员说："这样常常失事，若是给我碰上了，可就糟了。我看我还是自己开车子，长征讲学吧！"

这位职员不以为然地说："先生，飞机失事是太严重、太不寻常的事，所以难得一次便惊坏了旅客。其实，飞机出事的概率比起中奖券还要困难得多，简直百万分之一都不到。"

"奖券也期期有中呀！难道飞机失事也班班有？"

"不是这样的，飞机引擎在头几年故障的概率非常小。正确地说，飞机失事的概率十亿分之一都不到。"他充满自信地解释。

这位职员这样一说明，用数字一比方，乘客镇定了，不安全感一扫而空，这乃是"数字"的魔力。

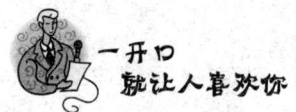

  用数字来支持你的观点,你将更有说服力。虽然数字是枯燥的,但有经验的说话人却知道,数字自有一种非凡的力量,如果能巧妙地加以利用,就能发挥出意想不到的作用。

  在推销的时候,用数字说话也有其很好的作用。在推销活动中,客户对推销员本能地存在一种怀疑心理。这时候如果推销员能够拿出一系列统计数字,用数字来说话,相对来说就更容易说服客户。

  亨利是一位烹调器推销员,他推销的烹调器每套价格是395美元。一次,亨利到一个城镇推销,把镇上的人叫到一块儿,一边示范这套烹调器,一边强调它能节省燃料费用,并把烹调好的食品发给人们,请大家品尝。这时,一位当地有名的守财奴,一边吃着亨利烹调的食品,一边说:"他的产品再好我也不会买的。"

  第二天,亨利首先来敲这位老顽固的门。他一见到亨利就说:"见到你很高兴,但你与我都知道,我不会购买将近400美元一套的烹具的。"

  亨利看看他,从身上掏出一张一美元,把它撕碎扔掉,问老顽固:"你心疼不心疼?"老顽固对亨利的做法感到吃惊,但却说:"我不心疼,你撕的是你的钱,如果你愿意,你尽管撕吧!"

  亨利说:"我撕的不是我的钱,我撕的是你的钱。"

  顾客一听感到很奇怪:"你撕的怎么是我的钱呢?"

  亨利说:"你已结婚23年,对吧?"

  "是的。"顾客回答道。

  "不说23年,就算20年吧。一年365天,按360天计算,使用我们的烹调器烧煮食物,每天可节省一美元,360天就能节省360美元。这就是说,在过去的20年内,你没有使用烹调器,就浪费了7200美元,不就等于白白撕掉7200美元吗?"

## 第五章　能说会道，就这样打动客户的心

接着，亨利盯着老顽固眼睛，一字一句地说："难道今后20年，你还要继续再撕掉7200美元吗？"

亨利把产品带给顾客的利益由抽象变为具体，把"节省"变成一个实实在在的数字，这些数字令他的推销取得了成功。因为很少有顾客会对7200美元不动心的。

用数字说话，既显得专业，又能给人以信任感。很多人都确信了数字。在美国，提供各种数字的"市场调查"公司有350家之多，而且，有1006家大的工商业，其本身便设有调查部门。英国政治学家迪斯莱有过如此的名言："谎言有三种，单纯谎言、令人讨厌的谎言和数字。" 在讲话中使用数字，可以将讲话内容变得更加丰富具体，使用翔实的数字、数据可以让你所说的话显得更加真实，更加有说服力。内容明确、具体、实在，才能让别人感兴趣。如果只是笼统地介绍，往往会让人觉得不可信赖。

数字的说服力是很惊人的。如果你想自己的话有说服力，必须列出具体数据，仅有漂亮的外表而无内容的话是不会吸引人的。马克思说过："一种科学只有在成功地运用数学时，才算达到真正完善的地步。"说话时，借助数字和数学方法对客观事物进行精确计算和定量分析，有助于人们准确地掌握情况，进一步加深理解。因此我们应学会用数字说话。

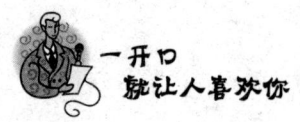

# 快速成交的口才技巧

成交是销售员的根本目的,如果不能达成交易,之前付出的再多艰辛与努力也是白费的,整个销售活动也是失败的。可见,成交对于任何一名销售人员来说是多么重要。然而,作为一名销售员,你也许有过这样的困惑:为什么销售同样的商品,成绩却有天壤之别?答案其实很简单:要想在你每一次销售过程中都绝对成交,仅有强烈的愿望是不够的,还需要掌握相应的技术和技巧,并将其合理运用。

下面介绍几种行之有效的成交技巧。

1. 从众成交法

从众成交法是销售人员利用人们的从众心理,促使顾客立即做出购买决策的方法。当一个销售员看到客户的表情不是很愉快时,要强化客户的信心,这时候销售人员应该技巧性地、适时地采用从众成交法,这是一种最简单的方法。

由于人的消费行为既是个人行为,又是社会行为,既受个人购买动机的支配,又受社会购买环境的制约,个人认识水平的有限性和社会环境的压力是从众心理产生的根本原因。因此,顾客会把大多数人的行为作为自己的行为的参照。从众成交法就是利用了人们的这一社会心理创造出一种众人争相购买的社会风气,以减轻其购买风险心理,促使迅速做出购买决策。

冰箱直销员对客户说:"买这种型号电冰箱的人挺多,我们平均每

## 第五章 能说会道,就这样打动客户的心

天要售出50多台,旺季时客户需要预定才能买到现货。"

某服装直销员给一位姑娘热情地介绍:"小姐,我们公司服装式样新颖美观,价格也合理公道,是一家沿海的中外合资企业,牌子也响当当的。您看,这件服装的款式就是今年最流行的一种,颜色也挺不错,穿在您身上再漂亮不过了。"

"胡先生,您认识赵经理对吧?他大约在三个月前来过我这儿,他对我们的产品非常满意,昨天他又订购了一件。用他的话说,'樱桃好坏,一尝便知'。所以,我想问您,要是贵公司对我们供应的产品不满意的话,他们会继续订购吗?"绝大多数顾客都会回答"不会的"。这时候再接着说:"怎么样,可以考虑了吧?"

利用从众成交法有利于提高销售效率,促成大批交易。可以减轻客户担心的风险,增强客户尤其是新客户的信心。

2. 不确定成交法

心理学有一个观点:"得不到的东西才是最好的。"所以当客户在最后关头还是表现出犹豫不决时,电话销售人员可以运用这种方法,让客户知道如果他不尽快决定的话,可能会失去这次机会。例如:销售人员可以这样说:

"每年的三、四、五月都是我们人才市场的旺季,我不知道昨天还剩下的两个摊位是不是已经被预订完了。您稍等一下,我打个电话确认一下,稍后我给您电话。"

"您刚才提到的这款电脑型号是目前最畅销的品种,几乎每三天我

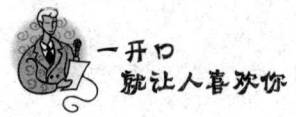

们就要进一批新货，我们仓库里现在可能已经没有存货了，我先打个电话查询一下。"

3. 危机成交法

通过讲述一个与顾客密切相关的事情，并阐明事情的发生对客户及周围的人造成的不良影响，从而让客户产生危机感，并最终下定决心签单。例如：销售人员可以这样说：

"张经理，据最近报道显示，该小区上个月内一共发生了三起盗窃案！为了避免给您的生活带来不必要的麻烦，建议您立即安装防盗门。"

"王伯伯，最近常有一些无聊的人老是往别人家里打骚扰电话，我们电信公司已经采取了一些防范措施，不过为了避免给您的生活带来一些不必要的麻烦，我们建议您马上开通来电显示，您看如何？"

"李经理，这段时间正是每年的招聘旺季，我们这边的摊位非常紧张，如果迟些做决定，恐怕会没有合适的位置了，我建议您现在就确定下来，我这边好给你安排一个接近入口的最佳位置。"

4. 讲故事成交法

销售人员可以通过讲一个和客户目前状况紧密相关的故事，在客户听完故事后，引导其去思考、权衡，从而最终达成交易。

日本保险业有一个叫柴田和子的家庭主妇，从1978年第一次登上日本保险业"冠军"后，连续16年蝉联"日本第一"。她之所以能取得如

## 第五章 能说会道，就这样打动客户的心

此好的业绩，与她会讲故事的本领分不开。针对父母在给孩子买保险时，总是犹豫不决的情况，她总会讲一个"输血"的故事：

"有一个爸爸，有一次开车到海边去度假，回家的时候，不幸发生了车祸。当这个爸爸被送往医院进行急救时，却一时找不到同血型的血液。这时，爸爸的儿子勇敢地站出来，将自己的血液输给了爸爸。"

"过了大约一个小时，爸爸醒了，儿子却心事重重。旁边的人都问那个儿子为什么不开心，儿子却小声地说：'我什么时候会死。'原来，儿子在输血前以为一个人如果将血输出去，自己就会死掉，他在做决定前已经想好了用自己的生命来换取爸爸的生命。"

"您看，儿子可以为了我们做父母的牺牲自己的生命，难道我们做父母的为了儿子的将来买一份保险，您都还要犹豫吗？"

故事成交法的关键在于销售人员平时在生活中要做一个有心人，处处留心，用心收集各类故事、新闻等。

5. 替客户拿主意成交法

针对某些犹豫不决的客户，电话销售人员应该立即找出客户对产品最关注的地方，然后自作主张为客户推荐一种能够满足其需求的产品。

"王先生，如果您是考虑到耐用性的话，我觉得这款产品对您是最适合不过了，因为这款产品是采用航空材料制作而成的，既耐高温又耐腐蚀，您看今天下午我们就派人送到您家里，可以吗？"

"潘经理，如果您是要保证培训效果的话，我相信李向阳老师是最适合的人选了，因为李向阳老师有非常丰富的一线工作和带队经验。您说呢？"

"李总，根据您刚才提到的情况，我建议您先做一期培训，看看

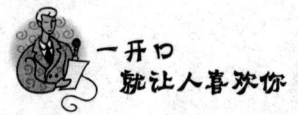

效果,如果您对这一次比较满意的话,再安排另外的培训也不迟,您说呢?"

6. 最后期限成交法

明确告诉客户某项活动的优惠期限还有多久,在优惠期内客户能够享受的利益是什么;同时提醒客户,优惠期结束后,客户如果购买同类产品的话将会受到怎样的损失。例如:销售人员可以这样说:

"王小姐,这是我们这个活动在这个月的最后一天了,过了今天,价格就会上涨1/3,如果需要购买的话,必须马上做决定了。"

"陆总,这个月是因为庆祝公司成立十周年,所以才可以享受这个优惠的价格,下个月开始就会调到原来的价格,如果您现在购买就可以节约50元/盒,您需要购买多少呢?"

"张先生,如果你们在15号之前报名的话可以享受八折优惠,今天是十四号,过了今明两天,就不再享有任何折扣了。您看,我先就帮您报名,可以吗?"

第五章　能说会道，就这样打动客户的心

# 运用心理战术，赢得客户的心

销售不仅是嘴上功夫，更是一种心与心的较量。要想提高销售业绩，销售人员就必须懂得一定的销售心理学，要能够在不知不觉间攻入客户的内心，疏通客户的心理，从而让客户满心欢喜地接受你的观点、意见、提议以及请求。

1. 巧用暗示

销售中巧有暗示，可以巧妙地避免客户直接拒绝，是销售进程中连攻带防的最佳策略。它既可以保持与客户建立的良好关系，又可以加快销售的进程。以心理暗示影响客户的观念，改变认识，增强购买信心，加速成交进程。

销售人员在开始进行推销时，一开始就要做好充分的准备，向顾客做有意识的、肯定的暗示，使他们从一开始就走进你的"圈套"。

曾经有一位销售经理运用"暗示"推销法成功地使一位顾客高兴地买下了该公司销售的一台电冰箱。当他看到销售员和一位顾客在说话时，便走过去说："这台冰箱倒是很好，不是吗？"

"我看并不见得好。"那位妇女摇摇头回答。

"怎么，您认为这台冰箱不好，是吗？这冰箱的式样和性能是由全国一流的工程师联合研制成功的，不管从外观、容量和结构，还是从性能和效果方面来看，都是很好的，可是您认为这冰箱有哪些地方不协

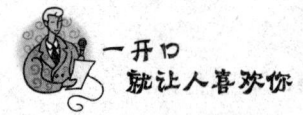

调呢?"

"这几点倒还可以,只是不应该把那个圆圆的东西装在顶上,那有多难看啊!"

"也许您说得有道理,同时,我的理解是,正是顶上那个圆盖子,才是我们这种冰箱的最大特色。现在市面上使用的那种冰箱,其马达都是安装在厨房的,很不方便,我们这种冰箱却可以将马达安装在圆顶上,方便至极。我想您是个大忙人,您当然想这台冰箱可以为您减少一些麻烦,节省一些时间,是吗?

"说不定您买回去,邻家的太太见了一定羡慕不已,说您买了一台好冰箱呢!

"如果您买一台普通的冰箱回去,邻居见了也不觉得怎么新奇,也许看一下就忘掉了,不是吗?"

然后,这位销售经理又安排员工把冰箱搬出来。"太太,这台冰箱您是想把它放在家里的哪个位置呢?"

"太太,冰箱是您自己带回去,还是由我们给您送回去?我们免费送货,免费安装。这是送货单,请把地址和电话写好,我们下午送货。"就这样,那位太太在销售经理的暗示下签了字。

所以说,暗示是一种有效的销售手段。只要在交易一开始时,利用这种方式提供一些暗示,顾客的心理就会变得更加积极,进而很热心地与你进行商谈,直到成交为止。这虽然只是一个小小的技巧,却能让顾客对你留下深刻的印象,这种方法非常简单,且有惊人的效果。可以这么说,一个不懂得如何用暗示激发客户购买欲望的销售员不是一个高明的销售员。

2. 找到情感的切入点

凡是销售活动,都是人与人的交往,而人又是最有感情的。美国推销大王乔·坎多尔福曾说过:"推销工作98%是感情工作,2%是对产品的了解。"乔·吉拉德也曾说："你真正地爱你的顾客，他也会真心爱你，爱你卖的东西。"因此，销售员在向客户销售商品的整个过程中，都可以充分利用情感这个有利因素。运用得好，可以拉近彼此的心理距离，顺利地销售商品。

  一位卖宝石的销售人员看见一个正在犹豫不决的中年妇女站在柜台前，便迎上去说："很高兴你能光临这里，我很乐意为你服务，你戴上这块宝石，一定会使你更美，而你先生也会更喜欢你。"
  不等中年妇女开口，销售人员又说："你买了这东西，就是想脱手也能卖出高价钱，对你的家庭也是一种贡献嘛！"
  中年妇女终于动了心，请销售人员拿出柜台里的宝石来挑选。

上面那位销售人员的成功就在于从顾客家的温馨和睦出发，并连带考虑到了增值的问题，俨然是一位老朋友在诚心诚意地为朋友着想，这种情感的注入是留住顾客的第一步。

情感与人的需要是紧密相连的。人的需要有多种多样，但哪一种都同情感有关。销售人员的销售策略符合客户的需要就会产生积极的情感，进而顺利地促成客户实施购买行为。

从某种角度上说，销售其实是一项情感性工作。因为销售的重点就是赋予产品生命力，让产品与客户建立情感联系，进而使客户爱上这个产品。所以说，情感就是销售过程中的催化剂。客户对产品的情感，源自顾客对产品的满意，要让顾客觉得满意，销售人员就要对顾客持续不断地、细致入微地关心。

3.适当地对客户表示关心

在销售过程中，销售人员必须认识到客户渴望得到关注的心理，并且要在沟通过程中适时适度地表达对他们的关心和体贴。

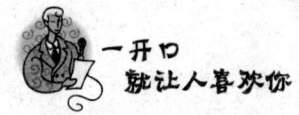

《世界最伟大的销售员》一书中有这么一段话:"我要爱所有的人。仇恨将从我的血管中流走。我没有时间去恨,只有时间去爱。现在,我迈出成为一个优秀的人的第一步。有了爱,我将成为伟大的销售员,即使才疏智短,也能以爱心获得成功;相反地,如果没有爱,即使博学多才,也终将失败。"

可见,销售成功并不完全取决于技巧,有时,只要你拥有一颗爱人之心就可以了。

有一次,小张上门给顾客送产品时,听顾客说,他隔壁住了一位老太太,先生早逝,儿女都在海外,身体情况不太好。小张心里就想,也许公司的营养保健食品对她会有所帮助。于是,小张就在顾客的引见下登门拜访。知道小张的来意后,老太太婉拒地说:"我不太相信什么保健品,就连儿女买的保健品还有很多没开封呢。"

离开后,小张总是记挂着这位孤独的老人,每逢去那位顾客家送货时,都要再去老人家里坐坐,陪她聊一会儿天。没想到有一天,老人向来看她的小张认真咨询起营养品的功用,还请小张针对自己的身体情况推荐几款。

生意就这样做成了,就连小张自己都有些纳闷:自己再也没向老人销售过产品,她怎么会有180度的大转弯呢?

其实,有经验的销售人员一看就明白,是小张对老人真诚的关心最终促成了交易,因为它满足了老人被了解与被重视的需求。

付出真诚,让客户感受到你的关心,就能赢得客户。一个好的销售人员是天性就会倾向关心他人,也一直在试图让别人快乐。如果你能让顾客或潜在顾客感觉到你是真心喜欢他们、关爱他们,也很敬重他们,那么你的销售道路将会无往不胜。

第五章　能说会道，就这样打动客户的心

## 客户对什么感兴趣，你就谈什么

销售中，我们怎样做才最能打动客户的心呢？最佳的方法莫过于投其所好了。谈论对方感兴趣的事物，他会认为我们是一个善解人意的人，从而对我们产生好感。

人际关系大师卡耐基在书中就写道："我们要对他人真诚地感兴趣，聆听对方的谈话，就对方的兴趣来谈论以及鼓励他人谈论他自己。"当我们对他人真诚地感兴趣的时候，自然而然就会去关注他的一举一动。那么他的每一个细节都有可能是我们与他交谈的切入点。

投其所好是说话的一个技巧。通过谈论对方感兴趣的话题，是为了与对方找到共同话题，为自己后来要说的话做铺垫。只要双方有话可谈，再不失时机地进行适当的赞美，客户也许就会对你产生好感。

拉提爱是法国著名的企业家。有一次为了拓展公司的业务，他专程到新德里，打算找印度的拉尔将军谈一桩飞机的生意。

拉提爱打了几次电话预约都没有回音。但他不想放弃，继续和拉尔将军联系。拉尔将军终于接电话了，拉提爱想了想，只字不提飞机买卖的事，只是在电话里说："拉尔将军，我马上要到加尔各答去，这次专程来到新德里，想以私人的名义拜访将军阁下，只要能够占用您宝贵的10分钟时间，我就很高兴了。"拉尔将军虽然事务繁忙，但听他这样说，还是勉强答应了。

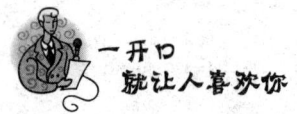

见面时,将军礼节性地伸出手,说:"您好,拉提爱先生!"拉提爱一看将军神态,就知道将军想尽快把他打发走。

此情此景使拉提爱意识到,一定要在开场时就引起拉尔将军的兴趣,否则谈话很难进行下去。于是,他真诚地说:"将军阁下,您好!我必须衷心地向您表示感谢!"

果然,这句话引起了将军的注意,他一脸困惑。

拉提爱继续说:"因为您使我得到了一个十分幸运的机会,在我过生日的那天,我终于又回到了故乡。"

"您出生在印度?"拉尔将军露出了微笑。

"是的!"拉提爱娓娓道来,"1929年,我出生在加尔各答。我父亲是法国歇尔公司驻印度代表。印度人民热情好客,我们全家在印度生活得非常幸福。"拉提爱甚至回忆起他的童年,"在我三岁的时候,一位印度老奶奶送给我一只可爱的玩具熊,我和印度小朋友一起玩耍,度过了我一生中最快乐的一天。"

听着听着,拉尔将军被深深地感动了,他盛情邀请拉提爱和他一起共进午餐,并表示要为拉提爱祝贺生日。

在前往餐厅的途中,拉提爱从随身携带的公文包中取出一张已经泛黄的照片,恭恭敬敬地递给将军。尽管照片已经非常陈旧了,但是拉尔将军还是一眼就看出照片中的人物:"这不是圣雄甘地吗?""是的。您再瞧瞧他旁边的那个小男孩,那就是我。当时,我和父母在回国途中,很幸运地和圣雄甘地同乘一艘船。这张照片就是那次在船上拍的,我父亲一直珍藏着。这次我还要去拜谒圣雄甘地的陵墓。"

拉尔将军很高兴,他说:"我非常感谢您对圣雄甘地和印度人民的真情!"

午餐在亲切融洽的氛围中进行,当拉提爱告别拉尔将军时,这桩买卖飞机的大生意已经敲定了。

## 第五章　能说会道，就这样打动客户的心

一桩看似难度很大的买卖，却在轻松友好的气氛中实现了。

这个故事从心理学的角度来看非常容易解释，一般情况下，当人们遇到自己感兴趣的话题时就会投入十二分的热情；但是，如果对话题没有丝毫兴趣，即使对方热情高涨，自己也会昏昏欲睡。

一个人若想赢得他人的赞许，打动他人的心，最佳的方式是投其所好，即迎合他人的兴趣。这就要求我们必须首先了解他人。

了解他人主要是了解对方的价值取向和兴趣点，就是了解对方对什么事情最关心、最有兴趣。一件事对某个人来说很重要，但对另一个人来说却未必重要，也许是小事一桩，甚至不值一提。如果你不了解对方的兴趣点，只顾自己自说自话，根本就引不起他人的兴致，这就起不到沟通的作用。所以，你一定要了解他人的兴趣点，必须把对方认为重要的事情摆在如同他对你一样重要的位置。你关心他的兴趣所在，这体现出你对他的了解和理解。

有一次，业务员王鹏去西安出差，任务是与当地一家公司签订销售电脑的合同。王鹏到了这位公司老总的办公室，看到书架上放了一整排房地产方面的书籍。王鹏开始并没有直接进入推销电脑的话题，而是跟老总闲聊了起来。

"李总，听您口音是西安本地人吧。西安真是个好地方，我一下飞机就喜欢上这儿了。"

李总面露微笑道："是啊，我从小在这古城墙下长大的，大学毕业后又回到家乡创业，我恐怕一辈子也不会离开这里了。"

王鹏又说："毕竟是六朝古都，西安就是有一种低调的大气在里面，不用张扬，外人却都感觉得到。"

一番开场白说得李总频频点头。王鹏趁热打铁："李总，我看到您有好多房地产方面的书，您真是博学。"

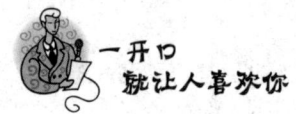

"也没有,只是初步了解一下,西安的房地产也越来越发达了,我也有意涉足。"

"真是太巧了,我哥哥就是做房地产的,我跟您说说他们幕后的事情吧。"

就这样,王鹏与李总从房地产说到金融业,从基金股票聊到保险期货,甚至于人民币升值和美军在伊拉克的局势都聊得热火朝天。结果聊着聊着都时近中午了,老总突然想起了王鹏此行的目的,让王鹏介绍了其所销售的电脑的情况,又看了合同,最终爽快地签了字。

最后李总对王鹏说:"看你这个人的性格和谈吐,我就知道你们的产品肯定没错,如果这次合作愉快,我们二期办公室改造的电脑采购还交给你们公司,我下次就找你了。"

一次简单的谈话,不仅谈成了生意,而且拓展了潜在的业务。推销员王鹏的成功之处就在于发现了客户的兴趣爱好,找到了与客户说话的共鸣点。所以说,要使客户喜欢你,原则上是要拿对方感兴趣之事当话题,让他感觉到自己的重要。在满足对方的自尊心之后,很多事情都迎刃而解了。

古人说:"话不投机半句多。"只要抓住了对方的兴趣,投其所好,不仅不会"半句多",而且会千句万句也嫌少,越谈越投机,越谈越相好。所以说,与客户沟通的诀窍就是:迎合客户的兴趣说话。每个人都有各自不同的兴趣与爱好,一旦你能找到其兴趣所在,并以此为突破口,那你的话就不愁说不到他的心坎上。

# 第六章　巧词妙语，在谈判中占据主动

第六章　巧词妙语，在谈判中占据主动

## 事先做足功课，掌握谈判的主动权

人们常说："如果准备不成功，那你就准备失败吧！"谈判活动是智慧、策略和技巧的比拼，谈判人员只有在充分了解谈判对手的基础上才能更好地发挥自己的智慧，施展自己的谈判策略。谈判者只有掌握了及时、准确、全面的信息，摸清对方的底细，才能在扑朔迷离的谈判桌上掌握主动权。因此，在开始谈判前。收集谈判对手的各项信息、摸清对方的底细对取得谈判的成功非常重要。这就要求谈判人员在谈判之前做好信息收集工作，尽量争取谈判中的主动权。

金秋的一天，中方代表与外方代表在北京举行了一场谈判，谈判的议题是关于中国进口某国汽车的质量问题。我方代表首先发言，简单介绍了全国各地对该品牌汽车损坏情况的反映。对方深知汽车的质量问题是无法回避的，他们采取避重就轻的策略，每讲一句话都是言辞谨慎，看来是经过反复推敲的。比如他们在谈到汽车损坏的情况时说："有的车子轮胎炸裂，有的车架偶有裂纹……"我方代表立即予以纠正："先生，车架出现的不仅是裂纹，而是裂缝、断裂！请看——这是我们现场拍的照片。"说着，随手拿出一摞事先准备好的照片递给对方。

在事实面前，对方不得不承认这个事实。连忙改口："是的，

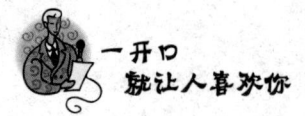

偶有一些裂缝和断裂。"我方步步紧逼,毫不让步:"请不要用'偶有''一些'那样的模糊概念,最好是用比例、数字来表达,这样才更准确、更科学。""请原谅,比例和数字未做准确统计。"对方以承认自己的疏忽来搪塞。"那么,请看我方的统计数字和比例数字,请贵公司进一步核对。"我方又出示了准备好的统计数字。

对方对此提出异议:"不至于损坏到如此程度吧?这是不可理解的。"我方拿出商检证书:"这里有商检公证机关的公证结论,还有商检时拍摄的录像,请过目。"对方想步步为营,我方却一步也不退让。

最后,在大量证据面前,外方不得不承认他们的汽车质量确有严重问题,签署了赔款协议。这场谈判的胜利,与其说是我方代表精明强干,倒不如说是他们在谈判之前准备充分,资料齐全。

谈判是一种复杂,有时甚至是艰苦的活动,需要谈判双方尽可能多的掌握有关谈判主题的材料,运用多种策略和谈判技巧,有时要经过几轮的周旋双方才能达成彼此满意的协议。因此,谈判人员要想在谈判中达到己方的目的,实现己方的利益,就必须在谈判之前做好充足的准备工作,对谈判的相关问题进行深入全面的调查和分析,为正式谈判阶段提供可靠有利的资料和要素。

我国某冶金公司要向美国购买一套先进的组合炉,派一名高级工程师与美商谈判。为了不负使命,这位高工做了充分地准备工作,他查找了大量有关冶炼组合炉的资料,花了很大的精力对国际市场上组合炉的行情及美国这家公司的历史、现状、经营情况等了解得一清二楚。

谈判开始,美商一开口要价150万美元。中方工程师列举各国成交价格,使美商目瞪口呆。最终以80万美元达成协议。当谈判购买冶炼自动设备时,美商报价230万美元,经过讨价还价压到130万美元,中方仍然不同意,坚持出价100万美元。美商表示不愿继续谈下去了,把合同往中

## 第六章 巧词妙语，在谈判中占据主动

方工程师面前一扔，说："我们已经做了这么大的让步，贵公司仍不能合作，看来你们没有诚意，这笔生意就算了，明天我们回国了。"中方工程师闻言轻轻一笑，把手一伸，做了一个优雅的请的动作。美商真的走了，冶金公司的其他人有些着急，甚至埋怨工程师不该抠得这么紧。工程师说："放心吧，他们会回来的。同样的设备，去年他们卖给法国只有95万美元，国际市场上这种设备的价格100万美元是正常的。"果然不出他所料，一个星期后美方又回来继续谈判了。工程师向美商点明了他们与法国的成交价格，美商又愣住了，没有想到眼前这位中国商人如此精明，于是不敢再报虚价，只得说："现在物价上涨得厉害，比不了去年。"工程师说："每年物价上涨指数没有超过6%。一年时间，你们算算，该涨多少？"美商被问得哑口无言，在事实面前，他们不得不让步，最终以100万美元达成了这笔交易。

凡事预则立，不预则废。谈判前做足充分的准备，可以让自己处于有利的地位，保证谈判顺利进行。所以，在谈判前，谈判人员要做足功课，好好收集谈判对手的相关资料和信息，摸清对方的脾气和个性，如谈判对手以往比较典型的谈判案例、对方的谈判风格、谈判中惯用的方法和策略、谈判人员的个人喜好等；而且还要在谈判过程中善于察言观色，及时捕捉对方的各种信息，包括神情、动作、心理等方面。通常情况下，谈判人员掌握的信息越丰富，就越有利于掌握谈判中的主动权。

值得注意的是，谈判人员搜集对方信息时要注意把握好时间。一般情况下，在谈判之前收集信息会比较轻松；而谈判开始后，对方的防备心理比较重。此时信息收集起来就相对困难些，但是却更加直观和有效。

谈判人员还要注意把握好收集信息的场合及形式。收集对方的信息不一定都在正式的谈判场合，有心的谈判人员会从一些特殊的场合或者别人无意的谈话中发现有效的信息。比如，私人宴会或其他聚会也是了解对方、收集

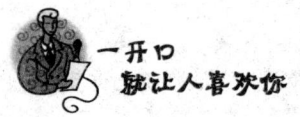

信息的途径，而且在这种场合下，对方一般不会有太大的防范心理，容易把自己的长处和短处都表现出来。

其实，在谈判中，对方的言谈举止也能透露出一些重要的信息，比如谈判对手的双手紧绞在一起，说明他此时心情紧张，不好决断；腰板挺直，腹部突出，说明他自信；摊开双手，表示真诚，心情比较放松；而低胸垂背，则反映了对方疲倦、失望等情绪；握手既轻且短，表示对方冷淡，等等。

另外，信息的收集形式也不拘泥于单一、直接的形式，我们既可以从图书馆查阅资料，从公开发表的刊物、互联网、媒体上搜集，也可以通过一些非正式渠道收集，如聚会、对方的主要竞争者以及其他第三方，等等。不管是通过什么方式，谈判人员都应该提前收集好谈判对手的资料和信息，真正做到"知己知彼，百战不殆"。

## 投石问路，打探对方真实意图

谈判中要想在短时间内了解对方的底细，在瞬间接触时了解到谈判的主题，那么我们必须抓住要害来提问。发问是使自己"多听少说"的一种有效方法。"问"能引起他人注意的问题，促使谈判顺利进行；"问"能获取所需信息的问题，以此摸清对手底细；"问"能引起对方思考的问题，控制对方思考的方向；"问"能引导对方做出结论的问题，达到己方的目的。

迈克是一位卡车推销员。一次，他向一位客户推销载重量大的卡

## 第六章　巧词妙语，在谈判中占据主动

车。没想到他的竞争对手，专卖小马力卡车的塞姆刚好也在场，于是他受到了塞姆的反驳。塞姆告诉这位客户，他们从来就不卖载重量大的卡车，操作麻烦还浪费油。这样一说，客户显然有些犹豫了，但是迈克还是想说服客户。他首先想知道买方究竟否有意买大马力的载重车，于是，他采用了很巧妙的方法来探知对方的真实想法。

迈克："你们那里是冬季较长吧。如果车在丘陵地区行驶，车的机器和车身所承受的压力是不是比正常情况下要大一些？"

买方："是的。"

迈克："你冬天出车的次数比夏天要多些吧？"

对方："冬天比夏天多得多呢，我们夏天的生意不是太好。"

由此，迈克知道了对方的生产销售有季节性差异这一特点。

迈克："有时货物太多，又在冬天的丘陵地区行驶，汽车是否经常处于超负荷状态？"

买方："对，那是事实，经常会遇到这样的情况。"

迈克："那么，你觉得是什么因素决定买一辆车值不值呢？"

对方："当然要看它的使用寿命了。"

这时，迈克已经得知对方买车时肯定会比较留意车型和质量。于是，他紧追不舍地说："从长远来看，一辆车总是满负荷，另一辆车从不过载，你觉得哪一辆车寿命长些？"

对方："当然是从不超载的那辆车。但是我们的货物量很大，每次又不能少装啊。"

经过这一番询问和探究，迈克心中有数了。于是，他可以与推销小马力卡车的竞争对手好好较量一番了。最后的结果，自然是掌握了买方大量信息的迈克成功地与买家完成了合作。

在上述案例中，迈克并不是漫无目的地问对方问题，也不是突发奇想地

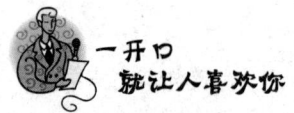

问问题,而是有针对性地问。在这样不知不觉的提问过程中,他很巧妙地掌握了对方的重要信息,从而为谈判成功奠定了基础。

在谈判中,提问可以引导对方思路,更好地达到目的。但如何"问"是很有讲究的,重视和灵活运用发问的技巧,不仅可以引起双方的讨论,获取信息,而且还可以控制谈判的方向。到底哪些问题可以问,哪些问题不可以问,为了达到某一个目的应该怎样问,以及提问的时机、场合、环境等,有许多基本常识和技巧需要了解和掌握。

1. 做好准备

应该预先准备好问题,最好是一些对方不能够迅速想出适当答案的问题,以期收到意想不到的效果。同时,预先有所准备也可预防对方反问。

有经验的谈判人员往往是先提出一些看上去很一般,并且比较容易回答的问题,而这个问题恰恰是随后所要提出的比较重要的问题的前奏。这时,如果对方思想比较松懈,我们突然提出较为重要的问题,其结果往往会使对方措手不及,收到出其不意之效。因为,对方很可能在回答无关紧要的问题时即已暴露其思想,这时再让对方回答重要问题,对方只好按照原来的思路来回答问题,或许这个答案正是我们所需要的。

2. 先听后问

在对方发言时,如果自己脑中闪现出疑问,千万不要中止倾听对方的谈话而急于提出问题,这时可先把问题记录下来,等待对方讲完后,有合适的时机再提出问题。

同时,在倾听对方发言时,可能会出现马上就想反问的念头,切记这时不可急于提出自己的看法,因为这样做不但影响倾听对方的下文,而且会暴露自己的意图,这样对方可能会马上调整其后边的讲话内容,从而使自己可能丢掉本应听取到的信息。

3. 避免刁难问题

要避免提出那些可能会阻碍对方让步的刁难问题,这些问题会明显影响谈判效果。事实上，这类问题往往只会给谈判的结局带来麻烦。提问时，不仅要考虑自己的退路，同时也要考虑对方的退路，要把握好时机和火候。

4. 等待时机，继续追问

如果对方的答案不够完善，甚至回避不答，这时不要强迫追问，而是要有耐心和毅力，等待时机到来时再继续追问，这样做以示对对方的尊重，同时再继续回答对方问题也是对方的义务和责任，因为时机成熟时，对方也不可推卸。

5. 提出已有答案的问题

在适当的时候，可以将一个已经发生，并且答案也是大家都知道的问题提出来，验证一下对方的诚实程度及其处理事物的态度。同时，这样做也可给对方一个暗示，即我们对整个交易的行情是了解的，有关对方的信息我们也是掌握很充分的。这样做可以帮助我们进行下一步的合作决策。

6. 适可而止

不要以法官的态度来询问对方，也不要问起问题来接连不断。

如果像法官一样询问谈判对方，会造成对方的敌对与防范的心理和情绪。因为双方谈判绝不等同于法庭上的审问，需要双方心平气和地提出和回答问题，另外，重复连续地发问往往会导致对方的厌倦、乏味而不愿回答，有时即使回答也是马马虎虎，甚至答非所问。

7. 耐心等待回答

当我们提出问题后，应闭口不言，专心致志地等待对方做出回答。如果这时对方也是沉默不语，则无形中给对方施加了一种压力。这时，我们应保持沉默，因为问题是由我们提出的，对方就必须以回答问题的方式打破沉默，或者说打破沉默的责任将由对方来承担。

8. 态度要诚恳

如果我们提出某一问题而对方不感兴趣，或是态度谨慎而不愿展开回答时，我们可以转换一个角度，并且用十分诚恳的态度来问对方，以此来激发

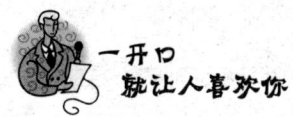

对方回答的兴趣。这样做会使对方乐于回答，也有利于谈判者彼此感情上沟通，有利于谈判的顺利进行。

9. 问题要简短

在谈判过程中，提出的问题越短越好，而由问句引出的回答则是越长越好。因此，我们应尽量用简短的句式来向对方提问。因为当我们提问的话比对方回答的话还长时，我们就将处于被动的地位，这种提问是失败的。

提出问题是很有力量的谈判工具，因此在应用时必须审慎明确。问题决定讨论或辩论的方向，适当地发问常能指导谈判的结果。

# 适时沉默，无声胜有声

在谈判中，沉默也是一种技巧。任何谈判都要注意实效，要在有限的时间内解决各自的问题，有些谈判者口若悬河、妙语连珠，总能在谈判的过程中以绝对优势压倒对方，但谈判结束后却发现并没有得到多少，交易结果令人失望，与谈判中气势如虹的表现不相匹配，可见在谈判中多说无益。相反，很多时候，恰到好处的沉默却收到"此时无声胜有声"的效果。

有位著名的谈判专家一次替他的邻居与保险公司交涉赔偿事宜。理赔员先发表了意见："先生，我知道你是谈判专家，一向都是针对巨额款项谈判，恐怕我无法承受你的要价，我们公司若是只出100美元的赔偿金，你觉得如何？"

## 第六章 巧词妙语，在谈判中占据主动

专家表情严肃地沉默着。根据以往经验，不论对方提出的条件如何，都应表示出不满意，此时，沉默就派上用场。因为当时对方提出第一个条件后，总是暗示着可以提出第二个、第三个……

理赔员渐渐沉不住气了："抱歉，请勿介意我刚才的提议，再加一些，200美元如何？"长时间的沉默过后，谈判专家开腔了："抱歉，无法接受。"

理赔员继续说："好吧，那么300美元如何？"

专家过了一会儿，才说道："300美元？嗯……我们不接受。"

理赔员显得有点慌了，他说："好吧，400美元。"

又是踌躇了好一阵子，谈判专家才缓缓说道："400美元？嗯……还是太低了，我们无法接受。""就赔500美元吧！"

就这样，谈判专家只是重复着他良久的沉默，重复着他的痛苦表情，重复着说不厌的那句缓慢的话。最后，这件理赔案终于在950美元的条件下达成协议，而邻居原本只希望理赔300美元！

谈判是一项双向的交涉活动，各方都在认真地捕捉对方的反应，以准备随时调整自己原先的方案。此时，一方若干脆不表明自己的态度，只用良久的沉默和可以从多角度去理解的无声和有声的语言，就可以使对方摸不清自己的底细而做出有利于己方的承诺。上述谈判中专家正是利用这一点，使得理赔员不断地提高理赔金额。

在谈判中的关键问题或者是有争议的问题上，谈判双方都会急于要求对方表态，这时，你完全可以反其道而行之，一言不发或者避而不谈，借以扰乱对方的心理，迫使对方说出自己的真实意图，然后迅速出击，达到改变对方谈判态度的目的，这就是沉默策略。

美国科学家爱迪生发明了发报机之后，因为不熟悉行情，不知道

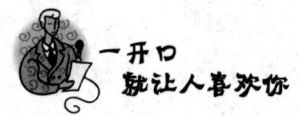

能卖多少钱,便与妻子商量,他妻子说:"卖两万。""两万?太多了吧?""我看肯定值两万,要不,你卖时先套套口气,让他先说。"在与一位美国经纪商进行关于发报机技术买卖的谈判中,这位商人问到货价,爱迪生总认为两万太高,不好意思说出口,于是沉默不答。商人耐不住了,说:"那我说个价格吧,10万元,怎么样?"这真是出乎爱迪生的意料之外,爱迪生当场拍板成交。这里爱迪生不自觉地应用沉默取得了奇妙的谈判效果。

沉默是一种无声的语言。在谈判中,当不熟悉对方底细时,可以恰当地使用沉默,向对方展开心理攻势,造成一种心理上的压力。同时又可以给己方创造回旋余地,给己方审时度势创造机会,从而达到克敌制胜、游刃有余的目的。

日本与美国家电公司是合作伙伴,正进行一场贸易交易。谈判刚开始,美方代表即滔滔不绝地向日方介绍情况、细节及条件,反观日方却一言不发,认真倾听,埋头记录。当美方代表报告完毕,征询日方意见时,得到的回复却是"听不明白,要认真回去研究一下"。

第二次谈判时,日方却已换上新的谈判代表,美方得重新说一遍。日方坚持埋头苦干,始终未发一语。第三次如是,只承诺有决定即通知美方。半年过去,美方仍收不到日方的回音,开始烦躁不安。这时日方却由董事长亲率代表团远赴美国谈判,在对方毫无准备的情况下抛出最后方案,催迫美方商谈细节,终以最快速度达成有利于日方的协议。

日方的取胜之道在于"装聋作哑",不露底牌,令对方未能做出合适反击,加上拖延时间,更令对方急躁无比,在美方感无望之际,突然反攻,便赢得一场漂亮的仗。

## 第六章　巧词妙语，在谈判中占据主动

事实上，谈判并不是侃侃而谈就能够取胜的，有些时候沉默是最有效的反击。任凭对方夸夸其谈，我们就保持沉默不语，最多两次，第三次对方就会泄气，那时候我们再主动出击、反客为主，这种方式相当有效。

美国一个经营印刷业的老板，在经营管理多年之后萌发了退休的念头。他原来购进的印刷设备，折旧后约值300万美元。这表明他出售这批机器的底价是300万美元。有一个买主在谈判时，针对这套设备滔滔不绝地讲了很多缺点和不足，这使印刷业的老板极其恼火。但就在他刚要发作的时候，突然想起了自己的底价，于是沉住气，一言不发，继续听那人滔滔不绝地讲个不停。最后，那个买家好像也没说话的力气了，突然冒出来了一句："老兄，依我看，你这套设备最多值380万美元，再多的话我可就不要了。"于是，协议达成，这个老板十分幸运地比计划多赚了80万美元。

在谈判中，我们有时会遇到强劲的攻击型的对手，他们咄咄逼人、气势汹汹。对这种人，采用"沉默"的方法往往能收到很好的效果。当然，如果用沉默来对付攻击型的对手，也要注意礼貌问题。如果对方在兴致勃勃地讲述时你却表现得极不耐烦，那都是不礼貌的。

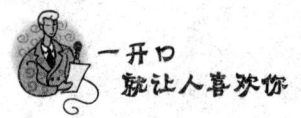

# 轻松回答对方的提问

谈判，就其基本构成来说，是由一系列的问和答所构成的，有问必有答，问有问的艺术，答也要有答的技巧。如果答得不好，一不小心就会被人抓住把柄，使自己陷入被动。

1843年，林肯与卡特莱特共同竞选伊利诺伊州议员，两人因此成了冤家。一次，他们一同到当地教堂做礼拜。卡特莱特是一名牧师，他一上台就利用布道的机会拐弯抹角地把林肯挖苦一番，到最后他说："女士们，先生们，凡愿意去天堂的人，请你们站起来吧！"全场的人都站起来了，只有林肯仍然坐在最后一排，对他的话不予理睬。

过了一会儿，卡特莱特又问大家说："凡不愿去地狱的人，请你们站起来。"全场的人又都站了起来，林肯还是依旧坐着不动。卡特莱特认为奚落林肯的机会来了，就大声说道："林肯先生，那么你打算去哪儿呢？"林肯不慌不忙地说："卡特莱特先生，我本来不准备发言的，但现在你一定要我回答，那么，我只能告诉你了：我打算去国会。"全场的人都笑了。

本来卡特莱特想使林肯进退两难，因为林肯如果站起来，就意味着林肯被他调动了，如果他不站起来，就意味着林肯将去地狱。不料，林肯没有上他的圈套，以"我打算去国会"的回答否定天堂与地狱的前提，一方面解除

## 第六章　巧词妙语，在谈判中占据主动

了自己的困境，另一方面也向大家表明了自己的志向。他的回答既表现了自己的智慧，又反诘了卡特莱特，在这场斗智的问答中获得了主动与成功。

谈判中，双方为争得各自一方更多的利益和谈判的主动权，常常提出一些尖锐、复杂和一时难以解答的棘手问题，以此来使对手处于尴尬窘困的境地，或是直接探测到对手的底牌。如果你想在谈判中灵活地答复对手的问题，又不损害自身的利益，除了深思熟虑以外，还得掌握必要的技巧。

在谈判过程中，谈判者应遵循以下几点原则：

（1）先思考。在谈判过程中，提问者提出问题，请求对方给予回答，自然会给回答者带来一定的压力。在回答问题之前，要给自己一些思考的时间。谈判中对回答的好坏，并不是看你回答的速度，特别是面对一些涉及重要既得利益的问题，必须三思而答。此时可以借点烟、喝水、调整一下自己坐的姿势、整理一下桌子上的资料、翻一翻笔记本等动作来延长时间，做出经过思考的回答。

（2）回答不应太随便。谈判者在谈判桌上的提问动机复杂、目的多样，谈判者往往没有了解问话动机，按常规回答，结果反受其害。而一个高明的回答，都是建立在准确判断对方用意的基础之上，并独辟蹊径，富有新意的。

（3）不该回答的绝不回答。在谈判中，回答问题越明确、全面就越显得愚笨。回答关键在于什么该说什么不该说。如果什么问题都全盘托出，就难免暴露自己的底细了，以至于给自己带来被动。

（4）以问代答。这是应付谈判中那些一时难以回答或不想回答的问题的方式，就好像把别人踢来的球再踢回去，让对方在反思中自己寻找答案。这种回答对应付一些不便回答的问题是非常有效的。例如，一位音乐家临处死刑的前一天还在拉小提琴，狱卒问："明天你就要死了，今天你还拉它干什么？"音乐家回答说："明天我就要死了，今天我不拉，还等什么时候拉？"以问代答，发人深思。

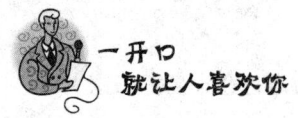

（5）道听途说回答法。有些谈判者面对毫无准备的提问往往不知所措，或者即使能够回答，但鉴于某些原因而不便回答的时候，通常就可采用诸如"对于这个问题，我虽没有调查过，但我曾经听说过……"或"贵方的问题提得很好，我不记得曾经在哪一份资料上看到过有关这一问题的记载，就记忆所及，大概是……"类似这些找借口推卸责任的回答法。这些回答中，即使答案是胡说八道带有故意欺骗的性质，回答者也可以不负责任，因为答案不但没加肯定，而且是道听途说的。这种回答法对于那些为了满足虚荣心的提问者以及自己不明确提问的目的和目标的提问者，往往能收到较好效果。

（6）安慰回答方法。当问题属于公认的复杂性问题或短时间内无法回答清楚的问题，或技术性很强、非专家讨论无法明了的问题时，有些回答往往采用安慰式。即首先肯定和赞扬提问者提问的重要性、正确性和适时性，然后话锋一转，合情合理地强调提问所涉及的问题的复杂性以及马上回答的困难程度，还可以答应以后找个专门的时间对提问进行专门的讨论等，以此换取包括提问者在内的在座者的理解与同情。

（7）不要确切回答。回答问题要给自己留有一定的余地。在回答时不要过早地暴露你的实力。通常可用先说明一件类似的情况，再拉回正题，或者利用反问把重点转移。例如："是的，我猜想你会这样问，我可以给你满意的答复。不过，在我回答之前，请先允许我问一个问题。"若是对方还不满意，可以这样回答："也许你的想法很对，不过，你的理由是什么？""那么，你希望我怎么解释呢？"等等。

第六章　巧词妙语，在谈判中占据主动

# 转移话题，打破谈判僵局

所谓谈判僵局是指在谈判过程中，当双方对所谈问题的利益要求差距较大，各方又都不肯做出让步，导致双方因暂时不可调和的矛盾而形成的对峙，而使谈判呈现出一种不进不退的僵持局面。

在谈判中，双方观点、立场的交锋是持续不断的，当利益冲突变得不可调和时，僵局便会出现。这时，谁能打破僵局，创造性地提出可供选择的方案——当然，这种替代方案一定既要能有效地维护自身的利益，又要能兼顾对方的利益要求——谁就掌握了谈判的主动权。

北方某玻璃厂与美国一家玻璃公司谈判引进设备事宜。在全套引进还是部分引进这个议题上僵住了，双方代表各执一词，相持不下。北方某玻璃厂首席代表为谈判达成预定的目标，决定打破这个僵局。他略经思索后，笑了笑，换了一种轻松的语气，避开争执点，转而说："你们公司的技术、设备和工程师都是世界一流的。你们投进设备，我们提供材料和工人，双方技术合作。这不但对我们有利，而且对你们也有利！"

美国玻璃公司的首席代表是位高级工程师，他听到这番话自然很感兴趣。气氛顿时变得活跃起来了，但这只是北方某玻璃厂首席代表欲达成目的第一步，更重要的还在后头。于是，他乘势话锋一转，接着说："我们厂的外汇的确很有限，不能买太多的设备，所以国内能生产的就不打算进口了。你们也知道，法国、日本和比利时目前都与我们有技术合作，如果

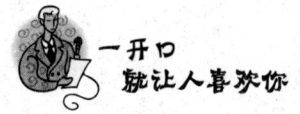

你们不尽快和我们达成协议,不投入最先进的设备、技术,那么你们就要失掉中国的广大市场,人家也会笑话你们公司失去了良好商机。"

僵局立刻得到了缓解,最后双方终于达成协议。北方玻璃厂省下了一大笔钱,而那家美国玻璃公司也因帮助该厂成了同行业中产值最高、耗能最低的企业而声名大噪,赢得了很高的声誉。

当谈判双方所提条件差距较大,且都不愿意做出妥协和退让时,冲突甚至僵局就会出现。此时,转移话题不失为一种有效的办法。上例中北方某玻璃厂首席代表利用转移话题的方法,避开了"全套引进还是部分引进"这个的焦点问题,将讨论转移到了"合作共赢"的问题上来,结果促进了谈判的成功。

所谓转移话题,就是坚持谈判目标,然而在方式上通过变换话题、缓和谈判的气氛,使双方在崭新和优良的谈判氛围里重新讨论有争议的问题,促成双方达成协议。

1942年5月,英美两国同意在年内开辟欧洲第二战场,以缓解苏联战场上的压力。但是不久,英国首相丘吉尔看到苏联战场节节胜利,又开始后悔自己做出的决定。于是就和美国总统罗斯福商量,暂时不要在欧洲登陆,而是开辟非洲战场。即"火炬计划"。但是令丘吉尔头疼的是,该如何对苏联领导人斯大林说这一决定。为了表示诚意,丘吉尔亲自到莫斯科与斯大林会谈。

会谈在晚上举行,丘吉尔做好了充分的心理准备,准备看斯大林的脸色。尽管丘吉尔列举了一大堆理由,向斯大林说明不能按期开辟第二战场的原因,斯大林还是始终拉长着脸,并严厉地质问说:"那么,你们是不能用大量的兵力来开辟第二战场,甚至也不愿意用六个师登陆了?""的确如此,斯大林阁下。"丘吉尔诚恳地说:"事实上,我们有足够的兵力登陆,但是我觉得现在在欧洲开辟第二战场还不是时候,

## 第六章 巧词妙语，在谈判中占据主动

因为这有可能破坏我们明年的整个作战计划。战争是残酷的，不是儿戏，我们不能轻易做出某一决策。"

斯大林的脸色更加难看了，厉声说："对不起，阁下，您的战争观与我的不同，在我看来战争就是冒险，没有这种冒险的精神，何谈胜利？我真是不明白，你们为什么那么害怕德军呢？"丘吉尔反驳说。"我们并不是害怕德军。您也知道，希特勒在1940年正值他的全盛时期，而当时我们英国只有2万经过训练的军队，200门大炮、50辆坦克。面对这样弱小的我们，希特勒并没有来攻打我们，原因很简单，跨越英吉利海峡并非易事啊。""丘吉尔先生，我要提醒您一个关键的因素，希特勒在英国登陆，势必会遭到英国人民的抵抗。但是，如果英军在法国登陆，必将受到法国人民的欢迎，人心相背也是决定战争胜败的关键。"

至此，谈判陷入了僵局，两国元首谁也说服不了谁。会议室内的气氛紧张起来。斯大林最后说："虽然我不能说服您改变您的决定，但是我还是坚持认为您的观念我不能认同。"丘吉尔看到斯大林的态度如此坚决，为了打破令人窒息的气氛，只好转移话题，谈谈对德国轰炸的问题。经过这番谈话后，紧张的气氛有所缓和。斯大林脸上也出现了一丝笑意。

丘吉尔认为现在是说出英美两国商定的"火炬计划"的时候，于是说："现在我们回过头来谈谈1942年在法国登陆的事情吧，我是专门为了这一问题而来的。事实上，我认为法国并非唯一的选择，我们和美国人制订了另外一个计划。美国总统罗斯福先生授权我把这个计划秘密地告诉您。"斯大林看丘吉尔一副神秘的表情，不禁对这个"火炬计划"产生了兴趣。丘吉尔简单地介绍了"火炬计划"的内容，斯大林还谈了他对这个计划的理解和意见，丘吉尔表示赞同。此时。虽然斯大林对英美推迟在法国登陆的事情不说，但是气氛已经明显缓和。丘吉尔又继续说："我们还打算把英美联合空军调到苏联南翼，以支援苏军。"斯大林表示感谢，至此会谈已是云开雾散。但是对于丘吉尔来说，此时，还

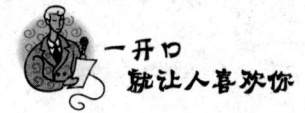

不是见彩虹的时候。

第二天晚上,第二轮会谈就开始了。斯大林先是拿出来此前美英苏三国签订的备忘录,据此谴责美英没有履约如期在1942年开辟的第二战场,接着又责备美英没有按承诺送给苏军必需的军用物资等。斯大林虽然表情严肃但是毫无怒容。他反复强调自己的观点,认为美英军队不必害怕德军。

斯大林讲到这里,丘吉尔再也不能忍受了,他激动地说:"我们千里迢迢来到这里是为了建立良好的合作关系。我们已经竭尽全力帮助你们,曾孤立无援地坚持了一年的战斗,遭受了巨大的损失。但是,我们三国已经建立联盟,我相信只要齐心协力,就一定能够取得胜利。"斯大林看到丘吉尔因为激动,以至于满脸通红,为缓解气氛,他开玩笑说:"我很喜欢听丘吉尔首相发言的声调,真是太妙了。"因而博得会场一笑,也缓解了气氛。

次日晚上,丘吉尔出席了在克里姆林宫举办的正式宴会,宴会气氛友好而热烈。丘吉尔见斯大林心情不错说:"尊敬的阁下,您已经原谅我了吗?"斯大林哈哈一笑说:"这一切都已经过去,过去的事情应归于上帝。"

在上面这个事例中,丘吉尔借其高超的谈判技巧,抓住适当的时机,做出一些让步,终于取得了斯大林的谅解。丘吉尔的高明之处就是当谈判陷入了僵局时,马上转变话题以缓解气氛,当气氛松弛时再继续谈,这样就不至于使双方陷入尴尬的境地。

在谈判中,当对方固执己见,并且双方观点相差甚大,特别是对方连续提出反对意见、态度十分强硬等不良情况出现时,常常需要采用转移话题法,即为转移对方对某一问题的注意力或控制对方的某种不良情绪,而有意将谈话的议题转向其他方面的方法。

转移话题的目的是为了更好地切入正题，特别是由于双方的意见、条件相差较大，且又都不愿意做出妥协和让步时，避免出现僵局。在僵持状态下，如果通过巧妙地变换话题，把争议的问题放置在一边，改变和缓和交谈的气氛，使对方在新的和融洽的谈话气氛里重新讨论有争议的问题，这是一种以积极的态度扭转交谈局面的方法。实际的谈判结果也证明，有时只有更好地转移话题，才能更好地实现谈判目标，尤其是在你不能完全信任对方的情况下。

总之，谈判中，最忌钻牛角尖，以致进退两难，不能自拔。出现这种情况多半因对方受偏见影响所致。遇到这种谈判对手，谈判者应当机立断，转移话题，改变对方先入为主的偏见，使其解除心理自卫反应，促进谈判的成功。

# 不要轻易地做出单方面让步

让步是指在谈判中双方或多方就某一个利益问题争执不下时，为了促成谈判成功，一方或多方主动的放弃部分利益。

谈判是双方不断地让步最终达到价值交换的一个过程。谈判的本质是交换，谈判者不仅仅是要得到自己想要的，还需要让出另一方想得到的。因此谈判时，经常发生让步。成功的让步策略可以起到以局部小利益的牺牲来换取整体利益的作用，甚至在有些时候可以达到"四两拨千斤"的效果。但草率让步和寸土不让都是不可取的。

下面是买卖双方的一段谈话：

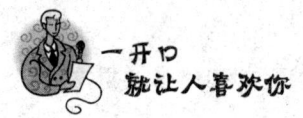

"您这种机器要价750元一台,我们刚才看到同样的机器标价为680元,您对此有什么话说吗?"

"如果您诚心想买的话,680元可以成交。"

"如果我是批量购买,总共购买35台,也是这个价吗?"

"不会的,我们每台给予60元的折扣。"

"我们现在资金较紧张,不能先购买20台,三个月后再购15台?"

卖主犹豫了一会儿,因为只购买20台,折扣是不会这么高的,但他想到最近几个星期不太理想的销售状况,最终还是答应了。

"那么您的意思是以620元的价格卖给我们20台机器。"买主总结性地说。

卖主点了点头。

"干吗要620元呢?凑个整数,600元一台,计算起来也省事,干脆利落,我们马上成交。"

卖主想反驳,但"成交"二字对他颇有吸引力,他还是答应了。

谈判是妥协的艺术,没有让步就不会成功。但不断重复着毫无原则的让步,不清楚让步的真实目的,最终的结果往往是将自己逼入绝境。上例中的卖主就是一个例子。所以,让步不是没有原则和规则的,需要灵活掌握其中的章法与技巧,不然可能会被对方击穿谈判前设定的标准和底线。

一次成功的谈判要经历从准备、开始、展开、评估调整,到最后达成协议这么多过程,如果这时候一方突然有大的单方面的让步,比如付款周期方面的大让步,另一方肯定觉得你是在兜圈子,认为你还可以让步,他就会逼迫你再让步,这不利于达成最后协议,甚至会拖延时间,导致谈判破裂等。为减少不必要的麻烦,千万记住不要做大的单方面的让步。

有一家日本某知名超市在上海开业,供应商蜂拥而至。李某代表弱

## 第六章 巧词妙语，在谈判中占据主动

势品牌的食品厂家与对方进行进店洽谈。谈判异常艰苦，对方要求十分苛刻，尤其是60天回款账期实在让厂家难以接受，谈判进入了僵局并且随时都有破裂的可能。一天，对方的采购经理打电话给李某，希望厂家在还没有签订合同的情况下，先提供一套现场制作的设备，能够吸引更多的消费者。

李某知道刚好有一套设备闲置在库房里，但却没有当即答应，他回复说："张经理，我会回公司尽力协调这件事，在最短的时间给您答复，但您能不能给我一个正常的货账账期呢？"最后，他赢得了一个平等的合同，超市因为现做现卖吸引了更多的客流，一次双赢的谈判就这么形成了，这其中当然不能忽视让步的技巧所起到的作用。

从某种意义上讲，谈判中的让步是相对的，也是有条件或有限度的。试想，谁又会愿意做出无条件、无限制的让步呢？让步的背后必然是有着明确的目的性，必定是为了争取自身的利益才做出的让步。所以，永远不要做无条件的让步。否则，你会白白地丧失很多东西。你在让步的同时，必须也让对方做出一定的妥协。

某大型收购公司计划在三年内收购五家技术公司。在精心策划后，他们锁定的第一个收购目标是A技术公司。

在经过多轮的磋商后，双方在分歧最大的价格方面也达成共识。这一价格对于收购公司来说是很划算的。双方约定第二天签约。

第二天，双方代表见面，A公司在价格上突然反悔，提出加价15%。双方谈判陷入僵局。

收购公司通过调查，发现A公司近期与自己的竞争对手有来往的迹象。进一步调查显示，A公司虽与对方有接触，但还未进入实质性谈判。

收购A公司是收购公司收购战略的重要一步棋，是势在必得，又不

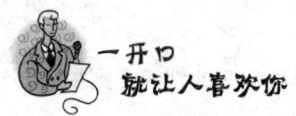

能出价太高。为了长远战略,收购公司又主动与A公司接触。在肯定了A公司在行业的影响力之后,适时分析了A公司面临的困难,并顺带介绍了该行业收购的形势及相关公司的收购业务,最后提出最高收购价在原有共识价格基础上加价5%。但A公司不领情,坚持加价15%。

收购公司决定冷处理,暗中密切关注A公司与竞争对手的进展。一段时间后,收购公司发现A公司与竞争对手的接触日渐稀少,在多种场合透出重与收购公司谈判的意向。收购公司适时出击,最终双方以共识价基础上加价5%达成一致。为了这个5%,收购公司提出了附加条件:要求A公司对外公布的成交价是双方第一次达成的共识价;收购公司可用这一价格进行宣传。A公司觉得这些附加条件于己无损,便签字同意,并承诺严守秘密。

收购公司借这次收购之威,在两年半的时间里,成功收购计划中的另外四家公司。所付收购资金相比预算节约15%。

这次谈判,收购公司面对竞争和对手的反复提价,巧妙地运用冷处理和做有条件的适当让步,虽然在价格上略有损失,但在附加条件中获得的利益远比让步失去的利益要大,是谈判中运用让步比较成功的例子。

综上所述,我们会发现一个关于谈判的悖论:"让步,将导致对手的步步紧逼;不做让步可能导致对手因得不到利益的满足而终止谈判。"那么如何处理这个问题呢?我们要记住一个让步原则:永远不要做无条件的让步。也就是说做必要的让步是可以的,但必须是有条件的;在让步的同时,附加条件得到的利益一定能够弥补因让步所造成的损失。

总之,在谈判中,为了达成协议,让步是必要的。但是,让步不是轻率的行动,必须慎重处理。

# 第七章 妙语应变，创造轻松的交往气氛

第七章　妙语应变，创造轻松的交往气氛

# 巧妙打圆场，帮他人夺回面子

所谓打圆场，就是要我们在他人说话陷入僵局或困境时主动地提供帮助，让其在众人面前顺利说话，摆脱尴尬的境地。"打圆场"运用得好，可以融洽气氛、联络感情、消除误会、缓和矛盾、平息争端，还有利于打破僵局，解决问题。因此，"打圆场"是人们交际中常用的一种方法。

有这样一个故事：

有一个理发师傅带了个徒弟。徒弟学艺三个月后，这天正式上岗。他给第一位顾客理完发，顾客照照镜子说："头发还是太长。"徒弟不语。师傅在一旁笑着解释："头发长使您显得含蓄，这叫藏而不露，很符合您的身份。"顾客听罢，高兴而去。

徒弟给第二位顾客理完发，顾客照照镜子说："头发留得太短。"徒弟不语。师傅笑着解释："头发短使您显得精神、朴实、厚道，让人感到亲切。"顾客听了，欣喜而去。

徒弟给第三位顾客理完发，顾客边交钱边嘟囔："剪个头花这么长的时间。"徒弟无语。师傅马上笑着解释："为'首脑'多花点时间很有必要。您没听说：进门苍头秀士，出门白面书生！"顾客听罢，大笑而去。

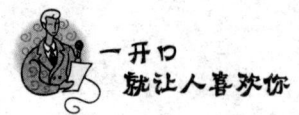

徒弟给第四位顾客理完发，顾客边付款边埋怨："用的时间太短了，20分钟就完事了。"徒弟心中慌张，不知所措。师傅马上笑着抢答："如今时间就是金钱，'顶上功夫'速战速决，为您赢得了时间，您何乐而不为？"顾客听了，欢笑告辞。

故事中的这位师傅真是能说会道，他机智灵活，巧妙地"打圆场"，每次得体的解说都使徒弟摆脱了尴尬，让顾客转怨为喜，高兴而去。他成功地"打圆场"的经验，给了我们诸多启示。

"打圆场"，是一门说话的艺术，也能展示一个人的智慧。只有应变能力强、处事灵活的人，才能成功地化干戈为玉帛。

1. 帮助圆场

圆场，就是在谈话双方争吵十分激烈时，由中间人将争论双方的观点表达出来，从而使双方心甘情愿地接受彼此的观点，以达到解围的目的。

清末的陈树屏口才极佳，善于调解纷争。他在江夏当知县时，张之洞在湖北担任督抚，谭继洵担任抚军。张、谭两人素来不和。

一天，陈树屏宴请张之洞、谭继洵等人。聊天过程中，当谈到长江江面宽窄时，谭继洵说江面宽是五里三分，张之洞却说江面宽是七里三分。双方争得面红耳赤，本来轻松的聊天也一下子变得尴尬起来。

陈树屏见状，知道两位上司都在借题发挥，故意争吵。为了缓和气氛，又不能得罪两位上司，他说："其实两位说得都对。江面在水涨时宽到七里三分，而落潮时便是五里三分。张督抚是指涨潮而言，而谭抚军是指落潮而言的。"

陈树屏巧妙地将江宽分解为两种情况，一宽一窄，让张、谭两人的观点都在各自情况下显得正确。他们二人听了如此高明的圆场话，也不

## 第七章　妙语应变，创造轻松的交往气氛

好意思再争论下去了。

### 2. 融洽气氛

俗话说：马有失蹄，人有失手。在交谈中，有时候会因为当事人不慎而造成应酬气氛的不顺畅，处于尴尬局面，但又无法摆脱，那就需要局外人随机应变，帮其解决。

一次老同学聚会，大家见面分外亲热，聊得十分高兴。这时，一位男士对一位女士说道："你当初可是主动追求我的，现在还想我吗？"按理说，在老友重逢迎的气氛中，这些话虽然有些不妥，但也无伤大雅。但这位女士由于某种原因心情不好，竟然脸色一变，气呼呼地说："你神经病！谁会追求你这种心理龌龊的人。"她的声音很大，在场的人惊讶地看着她，都觉得很尴尬，场面一下子冷下来。这时，另一位女士站了起来，笑着说："我们小妹的脾气还没变啊，她喜欢谁，就说谁是神经病，说得越厉害越让人受不了，就表明她越喜欢。小妹我说得对吧？"一番话，让大家都想起了大学时的美好生活，不由得七嘴八舌，互相开起玩笑来，一场风波也就平息了。

### 3. 给别人找台阶下

有时候对方陷入谈话困境后，并不是想硬撑下去，而是苦于没有可下的台阶。如果我们能及时巧妙地给对方一个可撤的话题，让对方顺着这个话题撤出去，对方就会顺势而走的。

慈禧是个京戏迷，每次看完京戏后常赏赐艺人一点东西。一次，著名演员杨小楼唱完戏后，慈禧很满意，便将桌子上的糕点赏赐给他。

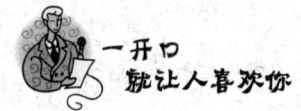

杨小楼叩头谢恩,但他不想要糕点,便壮着胆子说:"叩谢老佛爷,这些宫廷美食,奴才无福消受,能否另外恩赐点……"

"要什么?"慈禧心情高兴,并未发怒。

杨小楼又叩头说:"老佛爷可否赐幅墨宝给奴才?"

慈禧听了,一时高兴,便让太监捧来笔墨纸砚。慈禧举笔一挥,写了一个"福"字。

站在一旁的小王爷,看了慈禧写的字,悄悄地说:"福字是'示'字旁,不是'衣'字旁的呀!"

字写错了,这让杨小楼左右为难。若拿回去被人看到,会说他有欺君之罪。若不拿回去,慈禧一怒之下就会要自己的命。要也不是,不要也不是,他一时急得直冒冷汗。

气氛一下子紧张起来,慈禧也觉得挺不好意思,既不想让杨小楼拿去错字,又不好意思再要过来。

这时,旁边的李莲英赶紧上说道:"老佛爷之福,比世上任何人都要多出一'点'呀!"

杨小楼一听,也随声附和道:"老佛爷福多,这万人之上之福,奴才怎么敢领呢!"

慈禧正为下不了台而发愁,听他们这么一说,急忙顺水推舟,笑着说:"好吧,隔天再赐给你吧!"就这样,李莲英为二人解脱了窘境。

就这样,简简单单一句话,成功化解了慈禧的"面子危机"。原本给别人题字,却把"福"字多写了一个点,在众目睽睽下是件挺下不了台的事。幸亏李莲英反应快,找了个说法把这个错误给"补圆"了。这样,既成功化解了慈禧的危机,也为自己赢得了一份"人情"。

第七章　妙语应变，创造轻松的交往气氛

# 自我解嘲，谈笑间打破窘局

幽默一直被人们称为只有聪明人才能驾驭的语言艺术，而自嘲又被称为是幽默的最高境界。它能制造宽松和谐的交谈气氛，能使自己活得轻松洒脱，使人感到你的可爱和人情味，从而改变对你的看法。适时适度地"自嘲"会收到妙趣横生、意味深长的效果。懂得自嘲的人往往会与他人相处得更融洽，更受人欢迎。

英国作家杰斯塔东是个胖子，他在被人嘲笑后自嘲道："虽然我比其他男人重三倍，但在公交车上让座时，我足以让三个女士坐下。"

自嘲看似是自我贬低，实际上却能拉近人和人的距离，获得尊重和认可。

自我解嘲是一门很深的学问，它是人们心理防卫的一种方式，是一种自我安慰和自我帮助，是对人生挫折和逆境的一种积极、乐观的态度，也是沟通的艺术。自我解嘲并非逆来顺受，而是一个人心境平和的表现。

当我们在人际沟通中遇到难关或冷场时，如果你能审时度势地用好自嘲，就可以为你解除尴尬，平添许多风采。

1. 巧贬自己

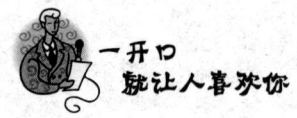

　　一个自我解嘲，巧贬自己，有时反而能表现出自己非凡的气度和超群的智慧。

　　有一天，苏轼从朝中归来摸着肚子问左右道："你们说，这里边有什么？"一个说："那是文章。"苏轼不以为然。另一个说："都是心机。"苏轼也感觉不得要领。最后一个对苏轼很了解，说："一肚子都是不合时宜。"苏轼捧腹大笑。

　　最后一个的回答，点到了苏轼自我解嘲的要害，使苏轼得到了一次超越自己忧愁的欣悦。

## 2. 宽慰自己

　　人们在有些时候因某些事不尽如人意而烦恼和苦闷，运用自嘲，既可宽慰自己，又能让人刮目相看，一举两得。

　　在某俱乐部举行的一次盛宴招待会上，服务员倒酒时不慎将啤酒倒到一位宾客那光亮的秃头上。服务员吓得手足无措，其他人也都是目瞪口呆。这位宾客却微笑地说："老弟，你以为这种治疗方法会有效吗？"在场人闻声大笑，尴尬局面即刻被打破了。这位宾客借助俏皮的话，既展示了自己的大度胸怀，又维护了自我尊严，消除了挫折感。

## 3. 暴露缺点

　　把自己的弱点暴露给别人，人们会觉得你亲切，这样双方很容易沟通。

　　胡适是很有名气的大学者，一次，他引用孔子、孟子和孙中山的话，在黑板上写："孔说""孟说""孙说"。最后，他发表自己的意见时，引得哄堂大笑。原来他写的是"胡说"。

第七章 妙语应变，创造轻松的交往气氛

胡适一个字便活跃了气氛，缩短了他和学生之间的距离，增加了亲切感。

4. 处理尴尬

一个人在处境困难或身临尴尬时用自嘲来对付，是一种十分妥善的办法。善于应付世事的人，常常在于己不利的场合运用自嘲的方式把原来不利于自己的情况变通一下，大事化小，小事化了，轻轻松松地渡过难关。

有一位小伙子爱上了一位姑娘，追求两年没有一点成效，有人在大庭广众之下取笑他没有本事，他答道："这两年她总说我是美男子，她配不上我，那就算了吧！谁让我太帅了呢？"一番话使众人都欣然地笑了，把难堪的局面化解了，小伙子的自尊心也通过自嘲受到了保护。

5. 大胆自讽，显示自信

有时你陷入难堪是由于自身的原因造成的，如外貌的缺陷、自身的缺点、言行的失误等，自信的人能较好地维护自尊，自卑的人往往会陷入难堪。对影响自身形象的种种不足之处大胆巧妙地加以自嘲，能出人意料地展示你的自信，在迅速摆脱窘境的同时显示你潇洒不羁的交际魅力。

有一位身材矮小的男老师走上讲台时，学生们有的面带嘲讽，有的交头接耳暗中取笑。如果这位教师这时用严肃的目光扫视一下，自然也能挽回面子，再历数矮个多奇人、多伟人，或许更能奏效。然而，他却说："上帝对我说：当今人们没有计划，在身高上盲目发展，这将有严重后果。我警告无效，你先去人间做个示范吧。"结果，学生们佩服他的诙谐，心悦诚服，也就不再取笑他身材的缺陷了。

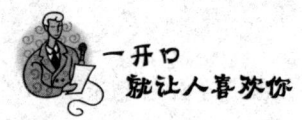

## 临危不乱，言语在胸冷静应对麻烦事

生活中，我们难免会遇到一些无理取闹的事情。例如，在公共场合，有人提起一件你讳莫如深的往事，有恃无恐地看你出丑，或是公开你的隐私，或是阔谈你做过的傻事和闹出的笑话。遇到这些无理的行为，你不可为一句羞辱的话变得失去理智。你应遵循的一个原则就是控制情绪，保持冷静。只有这样，才能巧妙地应对。

1. 借其言，反其意

对无理的行为进行语言反击，是正义的语言与无理的语言的对抗。所以，反击的语言一定要与对方的语言表现出某种关联，在这种关联中充分表现出自己的机智与力量，使对方搬起石头砸自己的脚。

德国大诗人海涅是犹太人，他因此常常遭到一些无耻之徒的攻击。在一个晚会上，一个人对海涅说："我发现了一个小岛，这个小岛上竟然没有犹太人和驴子。"海涅白了他一眼，不动声色地说："看来，只要你和我一起去那个岛上，才会弥补这个缺陷。"

"驴子"在德国南方语言中，常常是"傻瓜、笨蛋"的代词。面对是犹太人的德国大诗人海涅，将犹太人与驴子并称，无疑是侮辱人。可海涅并没

## 第七章 妙语应变，创造轻松的交往气氛

有对他大骂，甚至对这种说法也没有异议，相反，他把这种并称换上"你和我"，这样就一下子把"你"与"驴"相等了。

### 2. 避其锋芒

有时双方意见不合，不要一味地继续下去，否则将会发生争吵，可以将问题绕过去，暂时避其锋芒。

在找对象问题上，一对母女意见不合，产生了矛盾。女儿不愿意也不能和母亲闹僵，只好等待时机再说。一天吃饭时，母亲又唠叨起来："你也25岁了，不小了，我像你这么大的时候，你姐姐都三岁了。人家王局长的儿子个高，长得又精神，还有现成的房子，为什么看不上呢？""妈，这个红烧茄子是不是隔壁李阿姨教的做法？怎么颜色不好看，你过来看呀！"

女儿有意回避话题，就是采取了"碰到红灯绕道走"的办法。

### 3. 以其人之道，还治其人之身

有一个常常愚弄他人而自得的人，名叫汤姆。一天早晨，他正在门口吃着面包，忽然看见杰克逊大爷骑着毛驴哼哼呀呀地走了过来。于是，他就喊道："喂，吃块面包吧！"大爷连忙从驴背上跳下来，说："谢谢您的好意，我已经吃过早饭了。"汤姆一本正经地说："我没问你呀，我问的是毛驴。"说完得意地一笑。

没想到以礼相待，却反遭了侮辱。杰克逊大爷先是愣了一下，然后他猛然地转过身子，照准毛驴的脸上"啪、啪"就是两巴掌，骂道："你这畜生，出门时我问你城里有没有朋友，你斩钉截铁地说没有。没有朋友为什么人家会请你吃面包呢？"接着，"啪、啪"，杰克逊大爷

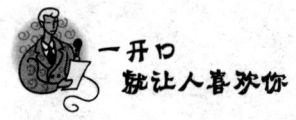

对准驴屁股又是两鞭子,说:"看你以后还敢不敢说谎。"说完,翻身上驴,扬长而去。

这就是"以其人之道,还治其人之身"的方法来应对无理之人的。既然你以你和驴说话的假设来侮辱我,我就姑且承认你的假设,以同样的办法,借教训毛驴来嘲弄你自己建立和毛驴的"朋友"关系,给你一顿教训。

4. 幽默解围

杜罗夫是俄罗斯一位著名的丑角。

一次演出的幕间休息的时候,一个很傲慢的观众走到他的身边,讥讽道:"丑角先生,观众对你非常欢迎吧?"

"是的。"

"要想在马戏班里受到欢迎,丑角是不是就必须具有一张愚蠢而又丑怪的脸蛋呢?"

听到此话,很多人围了过来。

"确实如此。"杜罗夫明白了这位观众的恶意,立即回答说,"如果我能生一张像先生您那样的脸蛋的话,我准能拿到双薪。"

这位傲慢观众的脸蛋同杜罗夫能否拿双薪本无丝毫联系,但幽默的杜罗夫却巧妙地把它们牵扯在一起,轻松地为自己解了围。

第七章 妙语应变，创造轻松的交往气氛

# 面临窘境，用幽默与其周旋

在人际交往中，我们往往会遇到令人发窘的问题和尴尬的处境，那怎样才能做到遇事不惊乱，从狼狈难堪的境地中解脱出来呢？运用急中生智的幽默是最好的方法。

幽默是一种高超的语言艺术，幽默不仅能够帮助我们与他人沟通与交往，还能帮助我们处理一些人与人之间的摩擦，并使其顺利地渡过难关、解决难题。因此，我们要学会用幽默解决问题。

清代有名的才子纪晓岚，体态肥胖，特别怕热，一到夏天就汗流浃背，连衣服都湿透了。因此，他和同僚们在朝廷值班时，常找个地方脱了衣服纳凉。乾隆皇帝知道了，想存心戏弄他们。这天，几个大臣正光着膀子聊天，乾隆突然从里边走出来，大伙儿急急忙忙找衣服往身上披。纪晓岚是近视眼，等看到皇上时已经来不及披衣服了，只好趴在地上，不敢动弹，连大气都不敢出。

乾隆坐了两个小时，不走，也不说一句话。纪晓岚心里发慌，加上天热，一个劲儿地流汗。半天听不见动静，他悄悄地问："老头子走了没有？"这一下乾隆和其他大臣都笑了。皇上说："你如此无礼，说出这样轻薄的话，你给我解释清楚，有话讲则可以，没有话讲可就要杀

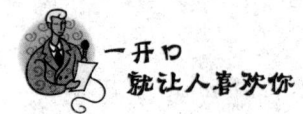

头了。"纪晓岚说:"臣还没穿衣服,怎么回圣上的话呢?"乾隆让太监给他穿上衣服,说:"亏你知道跟我说话要穿衣服。别的不讲,我只问你'老头子'是怎么回事?"趁穿衣服的时候,纪晓岚已经想好了说词。他十分恭敬地对皇上说:"皇上万寿无疆,这不是老吗?您老人家顶天立地,是百姓之头呀!帝王以天为父,以地为母,对于天地来讲就是子。连在一起,就是'老头子'三个字。皇上,臣说得有错吗?"说的都是好话,当然没错,于是,皇上很高兴。纪晓岚也松了一口气,心想:以后可不敢随便称呼皇上了。

纪晚岚据理巧辩,能够自圆其说,本来是随便、轻视的一句话,被他解释成充满溢美之意的奉承话,使乾隆皇帝转怒为喜,自己也免了一场灾祸。真不愧是一位有着大智慧的人物。

与人相处的过程中,尴尬局面是不可以避免的,假如你这时能来点幽默,就会在很短的时间内调节好气氛,摆脱窘境。就像富兰克林·罗斯福所说的那样:"幽默是人际沟通的洗涤剂。幽默能使激化的矛盾变得缓和,从而避免出现令人难堪的场面,化解双方的对立情绪,使问题更好地解决。"

在沟通中,幽默的语言如同润滑剂,可有效地降低人与人之间的"摩擦系数",化解彼此间的冲突和矛盾,并能使我们从容地摆脱沟通中可能遇到的困境。

有这样一件事:

公共汽车上,由于急刹车,一位老人撞到前面一个姑娘身上。这个姑娘很不满意,用方言嘟囔了一声:"德行!"眼看一场暴风雨即将来临,这位任大学物理系教授的老人不急不恼地说:"不是德行,是

## 第七章　妙语应变，创造轻松的交往气氛

惯性。"车厢里的乘客哄然大笑起来，一场将要发生的冲突就这样化解了。

从这个例子也可以看出，幽默是缓解紧张局面的灵丹妙药，是随机应变的有力武器。

我们在人际交往中往往会遇到令人尴尬的处境，要想从难堪的境地中解脱出来，可以运用急中生智的幽默。建构起特有的幽默氛围，就能巧妙得体地摆脱尴尬场景。

幽默是一种力量。如果在人际交往中不时地用点儿幽默的语言，逐步掌握幽默的技巧，就可以巧妙地应对各种尴尬的局面，能够很好地调节生活，使你的生活充满欢乐，甚至改变你的人生。

幽默是一种智慧的表现，幽默风趣的人到处都受到欢迎，可以化解许多人际间的冲突或尴尬，能够化干戈为玉帛。

幽默是沟通最好的清凉剂，培养幽默感有助于彼此的沟通。在通常情况下，真正精于沟通艺术的人，其实就是那些既善于引导话题，同时又善于使无意义的谈话转变得幽默的人。这种人在社交场上往往如鱼得水、左右逢源，可算是人际沟通中的幽默大师。

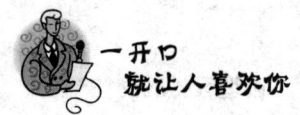

# 给人留面子,别让对方下不了台

**俗话说:**打人莫打脸,骂人莫揭短。在中国,面子是非常重要的东西,为了面子,小则可以翻脸,大则会闹出人命。因为每个人都有强烈的自尊心和虚荣心,都会注意自己社交形象的塑造。在这种心态支配下,如果让人丢了面子或者是下不了台,他会对你产生比平时更为强烈的反感。同样,如果你为他提供了"台阶",使他保住了面子、维护了自尊,他会对你更为感激,产生更强烈的好感。

在美国经济大萧条时期,有位17岁的姑娘好不容易才找到一份在高级珠宝店当售货员的工作。在圣诞节前一天,店里来了一个30岁左右的贫民顾客,他衣着破旧,满脸哀愁,用一种不可企及的目光盯着那些高级首饰。

姑娘要去接电话,一不小心把一个碟子碰翻,六枚精美绝伦的钻石戒指落在地上。她慌忙捡起其中的五枚,但第六枚怎么也找不着。这时,她看到那个30岁左右的男子正向门口走去,顿时意识到戒指很可能被他拿去了。当男子将要触及门柄时,她柔声叫道:

"对不起,先生!"

那男子转过身来,两人相视无言,足有几十秒。

## 第七章 妙语应变，创造轻松的交往气氛

"什么事？"男人问道，脸上的肌肉抽搐着，再次问道："什么事？"

"先生，这是我第一回工作，现在找个工作很难，想必您也深有体会，是不是？"姑娘神色黯然地说。

男子久久地审视着她，终于一丝微笑浮现在他脸上。他说："是的，确实如此。但是我能肯定，你在这里会干得不错。我可以为您祝福吗？"他向前一步，把手伸给姑娘，那枚钻石戒指就在他的手上。

"谢谢您的祝福。"姑娘立刻也伸出手，接过了那枚戒指。姑娘用十分柔和的声音说，"我也祝您好运！"

故事中的这个小姑娘是睿智的，她很会照顾对方的情面，没有开门见山地要回戒指，而是委婉地指出了男子的错误，先说出自己的难处，找工作不容易，让男子认识到自己的错误，进而主动交还戒指。那男子也很珍惜没有露丑丢脸的时机，非常体面地改正了自己的错误。

在人际交往中，要想与别人建立和谐的关系，就必须懂得为他人保留面子。人际关系是相互的，你希望别人怎样对待你，你就应该怎样对待别人。尊敬别人，给别人面子，其实也是给自己留下了余地。

一位顾客来到一家百货公司，要求退回一件外衣。她已经把衣服带回家并且穿过了，只是她丈夫不喜欢。但她却辩解说"绝没穿过"，要求退掉。

售货员检查了外衣，发现明显有干洗过的痕迹。但是，直截了当地向顾客说明这一点，顾客是绝不会轻易承认的，因为她已经说过"绝没穿过"了，而且精心伪装了没有穿过的痕迹。这样，双方可能会发生争执。

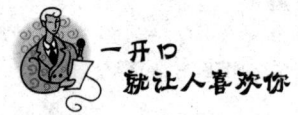

于是，机敏的售货员说："我很想知道是否你们家的某位成员把这件衣服错送到了干洗店去。我记得不久前我也发生过一件同样的事情，我把一件刚买的衣服和其他衣服一起堆放在沙发上，结果我丈夫没注意，就把这件新衣服和一大堆脏衣服一股脑儿地塞进了洗衣机。我怀疑你也遇到了这种事情——因为这件衣服的确看得出已经被洗过的明显痕迹。不信的话，你可以跟其他衣服比一比。"顾客看了看证据知道无可辩驳，而售货员又为她的错误准备好了借口，给了她一个台阶——说可能是她的某位家庭成员在没注意的情况下，把衣服送到了干洗店。于是顾客顺水推舟，乖乖地收起衣服走了。售货员的话说到顾客心里去了，使她不好意思再坚持。一场可能的争吵就这样避免了。

人与人交往难免会出现矛盾、误会和摩擦，当对方发生一些让他下不了台的事，如果你愿意在那时给对方一个台阶下的话，那便可大事化小，小事化了。

有一家公司的老板，自己是搞营销发的家。发家之后，他就开始自己经营公司。

由于公司刚刚运作，所以他老是不放心，总是时不时地过问市场部的具体工作。

如果只是这样还不会有什么问题，毕竟老板的确应该掌握公司的运作情况。可是，这位老板却很喜欢对市场部的员工发出一些"最新指示"，弄得市场部的运作十分混乱。与此同时，他又过于忽略公司的其他部门，而且在管理公司上十分外行。

他的这些表现引起了员工们越来越强烈的不满，公司的经营状况也越来越困难。可是，由于公司是他的，几乎所有的员工都碍于面子，不

## 第七章 妙语应变,创造轻松的交往气氛

敢向他提出改进的意见。

在这样的情况下,很有责任心的市场部经理决心向老板进言。

他对老板的性格了如指掌,知道他是一个宁愿舍钱,也不愿丢面子的人。因此,他认为这次进言一定要给老板留好台阶下。

一天,他走进老板的办公室,对老板说:"老总,您有空吗?我想跟您商量点事儿。"

得到肯定回答后,他继续说道:"您也知道,最近公司的经营出现了一些不良状况。我觉得,原因应该出在各部门没有协调好上面。您看,现在市场部的工作,您亲自来抓,十分重视,成效当然就十分显著。可是,这样一来,公司其他部门的工作就有些受到忽视。我认为,这样恐怕会影响到公司未来的发展。"

这番话可以说是说到了老板心坎上。而且,由于市场部经理说话时很注意给老板留好台阶下,让他认识到错误的同时,又没有丢掉面子,因此谈话的效果很好。

事实上,无论你采取什么样的方式指出别人的错误,即使是一个蔑视的眼神,一种不满的腔调,一个不耐烦的手势,都可能让别人觉得没面子,从而带来难堪的后果。不要想着对方会同意你所指出的错误,因为你否定了他的智慧和判断力,打击了他的荣耀和自尊心,同时还伤害了你们的感情,他非但不会改变自己的看法还会进行反击。所以,在给别人指出错误的时候要委婉,讲究方式,给别人留个面子,这样会更容易让别人接纳。

一位丈夫请妻子到餐馆吃生日餐,有道菜是"蚂蚁上树",可端来的菜盘里只有粉丝不见肉末。妻子故作不知,问服务小姐:"服务员,这道菜叫什么?"服务小姐仔细一看,不好意思地回答:"蚂蚁上

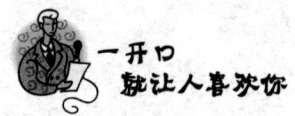

树。""怪了,怎么只见树不见蚂蚁?"妻子有些得理不饶人。面对一声高过一声的诘问,服务小姐十分窘迫。丈夫见状,马上接过话来:"老婆,大概蚂蚁太累了,还没爬上来。服务员,麻烦你给老板说一声,赶紧给我们换一盘爬得快的蚂蚁。"服务小姐如释重负,赶紧为他们换了一盘名副其实的"蚂蚁上树"。

这位丈夫真是善解人意,他的话幽默风趣而又大度,既缓解了紧张的气氛,又让双方都找到了体面下台的契机。妻子听了他的话,会展颜一笑;服务小姐呢,则带着感激的心情,想办法补偿过失。

这样机智处理问题的人,才是睿智成熟的交际高手。在日常生活中,若能适时地"给人台阶下",不仅能使自己获得对方的好感,而且也有助于自己树立良好的社交形象,甚至可以交到很好的朋友,或得到更多的合作伙伴。

在社会中,懂得给对方台阶下的人往往会受人欢迎。这也就是维护对方面子的意思,他们对你的这一举动会心存感激。

## 恰当的幽默更能体现你的智慧

幽默是一种品位,一种人生态度。有智慧的人胸怀宽广、反应机敏,这种幽默感,能使人充满自信,直面种种压力和挑战,让生活变得多姿多彩。同时,幽默感还能"传染"给周围的人,使他们的生活充满欢声笑语。英国

## 第七章 妙语应变，创造轻松的交往气氛

思想家培根说过："善谈者必善幽默。"幽默的魅力就在于：话不需直说，但却让人通过曲折含蓄的幽默表达方式心领神会。

"二战"结束后，英国女皇伊丽莎白到美国访问。当记者问她对美国的印象时，女王回答道："报纸太厚，厕纸太薄。"一句话让记者们哄堂大笑。但笑过之后，人们开始发现了伊丽莎白语言的尖锐。

这就是幽默的魅力，本来是想批评他人，但又不方便直说，所以用一种委婉幽默的方式表达了自己内心的意见，这不能不让人佩服伊丽莎白女王的智慧。

幽默不仅是说话技巧，更是一种智慧，这种智慧中蕴含着一种宽容、谅解以及灵活的人生姿态。美国一位心理学家说过："幽默是最有趣、最有感染力、最具有普遍意义的传递艺术。幽默是一个人的学识、才华、智慧、灵感在语言表达中的闪现，是一种'能抓住可笑或诙谐想象的能力'，它是对社会上的种种不和谐、不合理的荒谬现象、偏颇、弊端、矛盾实质的揭示和对某些反常规知识言行的描述。"

语言表达幽默生动，这是一个人知识和智慧的表现，有利于取得良好的沟通效果。在交往中，幽默语言如同润滑剂，可有效地降低人与人之间"摩擦系数"，化解冲突和矛盾，并能使我们从容地摆脱沟通中可能遇到的困境。

幽默大师卓别林曾经说过："幽默是智慧的最高表现，具有幽默感的人最富有个人魅力，他不仅能与别人愉快相处，更重要的是拥有一个快乐的人生。"的确，幽默是沟通最好的润滑剂，培养幽默感有助于彼此的沟通。在通常情况下，真正精于沟通艺术的人，其实就是那些既善于引导话题，同时又善于使无意义的谈话转变得风趣的幽默者。这种人在社交场上往往如鱼得

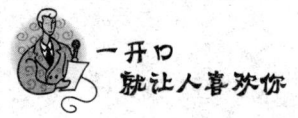

水、左右逢源，可算是人际沟通中的幽默大师。

懂幽默的人懂得如何给生活添加佐料，受到不公平待遇也会泰然处之，即使心情郁闷，也能通过开玩笑的方式缓解情绪并带给别人快乐。这种人热爱生活、大智若愚，充满了人格魅力，现实生活中会得到众多朋友的喜爱，也使自己的生命总是趣味盎然。

有一次，林肯在进行讲演时，台下突然有位不知名的先生递给他一张纸条。林肯打开一看，纸条上赫然写着"傻瓜"两个字。当时，林肯旁边也有很多人也看到了字条上写的内容，他们面面相觑，而后又都盯着总统，看看他将如何处理这次公然挑衅。林肯沉思了一会儿，微微一笑，说道："我收到过太多匿名信，上面只有正文而没有署名，今天这封信却不一样，只有署名，却没有正文。"话刚一说完，台下知情的观众就为林肯的机智和幽默热烈地鼓起掌来。那位"傻瓜"先生见此情景，混在人群中灰溜溜地走掉了。紧张的会场气氛，顿时轻松了起来，演讲也没有受到任何影响，继续进行。

幽默是一种生活的机智，它将人们对生活的领悟以一种诙谐、有趣的形式表达出来，令人发笑，引人深思。拥有幽默感不仅能使人自信，更能使我们在人际交往中善于化解危机，消除不利的因素。

幽默是社会活动的必备礼品，是活跃社交场合气氛的最佳"调料"。它能增添人们的欢乐，轻描淡写般地拂去可能飘来的一丝不快，还能巧妙得体地摆脱自己或他人面临的窘境——这就是幽默的魅力所在。

伟大的物理学家爱因斯坦博士因提出了相对论而举世闻名，此后，发生了这么一个故事：

## 第七章　妙语应变，创造轻松的交往气氛

盛名之下的爱因斯坦每天忙于应付不计其数的大学邀请他作演讲，搞得疲惫不堪。爱因斯坦每次到大学去都是由专职司机李查开车送他，一到会场，李查就在台下听演讲，一共做了三十来次的听众，而且每次他都听得聚精会神，从头听到尾。李查是位风趣的美国人，一天他向疲于奔命的爱因斯坦提建议："您实在太辛苦，也一定讲烦了，您的演讲内容我可以背下来了，我想下次演讲时让我穿着您的衣服，让我来代您演讲直到被发现为止，可以吗？""妙呀，反正那里认得我的人也不多。"同样富于风趣的爱因斯坦回答道。

此后的演讲，穿着爱因斯坦衣服的李查对于相对论的解说没有任何差错，他把爱因斯坦的表情和动作也模仿得惟妙惟肖。

爱因斯坦则打扮成司机，不仅开车送李查来演讲，而且坐在台下认真听讲。

然而，就在演讲结束、李查准备下台时，一件意料不到的事终于发生了。倏地，一位教授模样的先生站起来，像发连珠炮似的提出了许多问题。

真的爱因斯坦静坐在会场的角落，心中吃惊不小，但他表情上还是若无其事。

假的爱因斯坦却轻松地对那位教授说："你的这些问题很简单，连我的司机都能回答……喂，李查，请上来帮我做些说明吧！"于是，真正的爱因斯坦这时才穿着司机的服装，理所当然地走上讲台，并迅速地对问题做了说明。两人巧渡难关，也留下永久难忘的回忆。

爱因斯坦同司机互换身份的故事，的确是很逗人的，带着浓厚的幽默色彩。

幽默是一种能力，是一种智慧，也是快乐人生的润滑剂。幽默不是老老

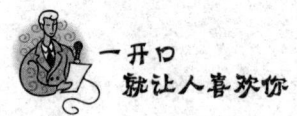

实实的文字，它是运用智慧、聪明与种种搞笑的技巧，使人读了发笑、惊异或啼笑皆非，并从中受到教育的一种能力。幽默不仅是智慧的迸发和善良的表达，它更是一种胸怀、一种境界。正如作家王蒙所说："幽默是一种成人的智慧，一种穿透力，一两句就把那畸形的、讳莫如深的东西端了出来。既包含着无可奈何，更包含着健康的希冀。"

人与人交往最重要的目的无非是想让别人接受自己。如果不能够给别人惊喜或者意外，那么想让别人记住自己恐怕很难。而幽默是打开别人心房的一把钥匙，也是交际场合的一种常用手法，懂得幽默的人必然会受到别人的欢迎。让我们成功地驾驭幽默，达到交谈的最高境界吧。

# 第八章
## 出口成章,我为演讲狂

第八章　出口成章，我为演讲狂

# 突破恐惧，演讲从此不紧张

美国的心理学家做过这样一个有趣的测验，测验的题目是："你最害怕的是什么？"结果名列榜首的竟然是"当众演讲"，名列第二的才是"死亡"。有数字显示，有将近一半的人对在公众面前讲话比做其他事情感到恐惧。看来，恐惧并不是某一个人的心理，大多数人都不同程度地具有这种心理。这不仅影响自身的发展和形象，而且还给当事人的身心带来沉重的压力和痛苦。天生不害怕当众讲话的人不多，但这并不意味着你的恐惧就无法克服。实际上，恐惧只是一层窗户纸，如果我们能勇敢地捅破它，当我们面对再多的人侃侃而谈时，也就无所畏惧了。

杰出的演讲家、著名的心理学家艾伯特·爱德华·威格恩读中学时，被要求周末讨论会上做五分钟的讲演，一想到这些他就感到非常的害怕。

当讲演的日子一天天临近，可怕的事就发生了：大脑发热，血液直冲脑门，脸颊发烧，好像病了一样。他只好跑到学校后边去，把脸贴在冷凉的砖墙上，设法褪去涌起的绯红。

读大学时，有一次他认真地背下一篇演讲词的开头。但当他面对听众时，脑袋里"轰"的一下，几乎不知身在何处了。勉强挤出开场

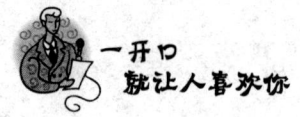

白:"亚当斯与杰弗逊已经过世……"然后再也说不出一句话,因此便在如雷般的掌声中鞠躬后沉重地回到座位上。校长站起来说:"嗯,爱德华,我们听到这则悲伤的消息真是震惊,不过现在我们会尽量地节哀的。"接着是哄堂大笑。他当时真有以死解脱的心情,不过那次他只不过是病了几天。他当时想:活在这世上,最不敢期望做到的,便是当个大众演讲家。

但是,在他离开大学一年后的1896年,丹佛掀起一场关于"自由银币铸造"问题的政治运动。他认为"自由银币人士"布莱安及其徒众的建议犯了错误,承诺空洞,十分愤怒,因此他当了手表作盘缠,回到家乡印第安纳州。然后自告奋勇,就健全的货币制度发表演讲。听众席上有不少是老同学。刚开始,大学里"亚当斯和杰弗逊"演讲的那一幕又掠过他的脑海,恐惧感快要让他窒息,讲话结巴,几乎就快让他从讲台上逃走。不过,就像区安西德普常说的那样,听众和他都勉强撑过绪论部分,然后,这小小的成功给他增添了很大的勇气,他继续往下说了自以为大约15分钟的光景。其实已经说了一个半钟头了,这让他非常惊异。

这次演说让爱德华很惊异,他认识到,要克服当众说话那种天翻地覆的恐惧感,最好的方法是打破胆怯的心理,以积极的自信做后援。

在演讲时,产生一定程度的恐惧感是正常的。有时候,即使这种恐惧感一发而不可收拾,甚至会造成心理障碍和言辞不畅等严重情况,也大可不必绝望。当众讲话的恐惧大多数人都有,只要肯多花时间,不断训练自己,就会发现这种恐惧感很快便降低到适当的程度,这时它就会成为一种动力。

那么怎样克服恐惧呢？以下是几种使内心平静的方法：

1. 放松自己

有些人在说话时特别紧张，大都是由于他们说话时呼吸紊乱，氧气的吸入量减少，头脑一时陷入痴呆状态所致。

说话时发生不正常情况通常都是这样的顺序：怯场—呼吸紊乱—头脑反应迟钝—说些支离破碎的话。要克服这些不正常的情况，就要学会调整呼吸。

说话时全身要尽量放松，静静地做几次深呼吸，吐气时可以略微用点力。这样一来，人的心里就会获得一份踏实感。

2. 不要给自己反面的刺激

在讲话过程中还应尽量避免令自己不安的反面刺激，比如，总是设想自己会说错，或总担心自己会突然停顿下来，讲不下去了。这些反面刺激很可能会动摇你的信心。因此，在开口时，最重要的是把注意力从自己身上移开，或集中精力听别人怎么说，避免不必要的紧张感。

3. 不断丰富和充实自己

有时人出现紧张的原因是由于知识领域过于狭窄，或对当前发生的事情知道得太少的缘故。假若你能经常读些课外书籍、报纸杂志、开拓自己的视野，丰富自己的阅历，你就会发现，在社交场合你可以毫无困难地表达你的意见。这将会有力地帮助你树立自信、克服紧张。

4. 主动参与当众发言

在组织或团队会议中，很多人从来不发言，因为他们害怕别人觉得自己说的话让人觉得他们很笨。其实，这种恐惧的想法并不对。一般而言，人们的承受力比想象的更强。事实上，大多数人都在和同样的恐惧作斗争。只要努力在每个会议中大声说出自己的想法，你就可能成为一个更好的发言者，对自己的想法也会更自信。所以，不论是参加什么性质的会议，都要主动发言，也许是评论，也许是建议或提问题，都不要有例外。而且，不要最后才

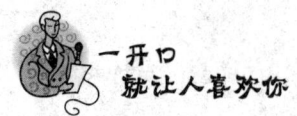

发言。要做破冰船,第一个打破沉默。也不要担心你会显得很愚蠢,因为总会有人同意你的见解。所以不要再对自己说:"我怕自己讲得不好,怕别人嘲笑。"

## 巧妙开场,一句话引起听众的兴趣

一次成功的演讲有着多方面的因素在起作用,但好的开头,作为进入演讲的第一步,无疑是一个不可忽视的重要因素。正如人们常说:"好的开始是成功的一半。"对于演讲来说,好的开始不仅是成功的一半,它几乎可以决定之后你所说的每一句话的命运。

不管是多么冗长的演讲内容,演讲开场时的几句话是至关重要的。出色的口才高手总是有很好的语言表达能力,在一开场就能抓住听众的注意力。他们登上讲台,一开口便一鸣惊人。他们善于抓住听众的心,尽快吸引听众的注意力。因为他们知道,如果不这样做,接下来的演讲将无法顺利进行。一个演讲者,如果从开始就无法保持听众对所演讲内容的兴趣,那么他将失去在演讲中的主导地位。所以,只有独具匠心的开场白,以其新颖、奇趣、敏慧之美,才能给听众留下深刻印象,才能控制住场上的气氛,在瞬间集中听众注意力,从而为接下来顺利演讲搭梯架桥。

一位年轻美貌的女士在一次演讲中第一句话就说:"昨天我险些

## 第八章  出口成章，我为演讲狂

脱掉裙子。"此言一出，在场的听众大吃一惊，急欲知道这是怎么一回事。她接着说道："当我昨天在厨房做饭时，我那念小学三年级的双胞胎儿子在隔壁房间吵了起来，他们两兄弟似乎吵得很凶，小弟说：'你这个大笨蛋，妈妈的肚脐是凹进去的。'老大也不甘示弱地反驳说：'妈妈才不是凹肚脐呢，她的肚脐是凸出来。'小弟说：'你胡说，才不是呢！'大儿子说：'你才胡说！'我看情形不对了，赶快跑出来排解说：'你们两人给我安静下来，妈妈让你们看看我的肚脐是凹的还是凸的。'于是我作势要脱下裙子。'啊，妈妈羞羞羞。'他们两个小鬼看后马上拿小食指划着小脸蛋羞我，我们三个人都笑了出来……"

人们这才恍然大悟，原来这是一个关于"亲子关系"的演讲。年轻的女士就是在演讲的一开头就语出惊人，激起听众的好奇心。

由此可见，有一个好的开场白是多么重要。语出不凡的开头能唤起听众的兴趣和求知欲，产生巨大的吸引力，紧紧抓住听众的心，使听众非听下去不可。

开场白是演讲者向听众出示的第一个同时也是最重要的信号，能否抓住听众的注意力，引发他们听的兴趣和积极性就取决于这最初发出的信息。俄国大文学家高尔基说："最难的是开场白，就是第一句话。如同在音乐上一样，全曲的音调都是它给予的。平常却又得花好长时间去寻找。"高尔基的这段话包含两层意思：第一，演讲的第一句话至关重要，它的作用如同音乐的"定调"，规定着"全曲"的基本面貌和基本风格。第二，适当的第一句话不是那么容易找到的，它是长期积累和斟酌钻研的结果。所以，想要成为一名成功的演讲者，必须在演讲开场时就抓住听众的注意力。记住：只有当你确信所有听众都在津津有味地听你演讲，你才可以确定你迈出了成功演讲的第一步。

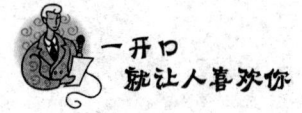

下面，我们介绍几种常见的开场白：

1. 讲述故事

演讲的开头通过故事跌宕起伏的情节，将听众引入一种忘我的境界，并将自己的思想和观点不动声色地融入故事中，起到"随风潜入夜，润物细无声"的作用，真正达到讲故事的目的。

1962年，82岁高龄的麦克阿瑟回到母校——西点军校。那里一草一木都令他眷恋不已、浮想联翩，仿佛他又回到了青春时光。在授勋仪式上，他即兴发表演讲。他是这样开的头：

今天早上，我走出旅馆的时候，看门人问道："将军，你上哪儿去啊？"一听说我到西点时，他说："那可是个好地方，您从前去过吗？"

这个故事情节极为简单，叙述也朴实无华，但饱含的感情却是深沉、丰富的。既说明了西点军校在人们心中非同寻常的地位，从而唤起听众强烈的自豪感，也表达了麦克阿瑟深深的眷恋之情。接着，麦克阿瑟不露痕迹地将演讲主题过渡到"责任—荣誉—国家"这个主题上来，水到渠成，自然妥帖。

2. 引用名言典故

演讲开场白也可以直接引用别人的话语，为展开自己的演讲主题做必要的铺垫和烘托。名人说过的格言永远具有引人注意的力量。所以，如果你能适当地引用一句名人说过的话，也是演说开端的好方法。

有一次，一个演讲师在演讲培训班上讲课是这样开头的：美国第一个登上月球的宇航员阿姆斯特朗曾说过："一个人的一小步，却是整

第八章 出口成章，我为演讲狂

个人类的一大步。"那么，对于今天我们要提高演讲能力的人来说就是"上台一小步，演讲一大步"。不开口就不会知道自己舌头短，不上台就不会知道自己腿短。要想提高演讲能力，上台开口练习是不二法门。

演讲师这样的引用和引申，一下子就让学员们进入了状态，激发了他们即刻上台演讲的欲望。

3. 设置悬念

人都有好奇的天性。在开场白中制造悬念能激发听众强烈的兴趣和好奇心，在适当的时候解开悬念，使听众的好奇心得到满足，也使演讲前后照应，浑然一体。

一位日本教授在给大学生做演讲前，面对台下叽叽喳喳、谈论不休的大学生们，他没有急于宣布他的演讲主题，而是从口袋里摸出一块黑乎乎的石头扬了扬："请各位同学注意看，这是一块非常难得的石头，在日本，只有我才有这一块。"当同学们都伸长脖子想看个究竟的时候，这位教授才说明，这块石头是他从南极探险带回来的，并开始了他的南极探险演讲。

4. 利用幽默

演讲时用幽默法导入，不仅能够较好地表现演讲者的智慧和才华，而且使听众能在轻松愉快的气氛中不自觉地进入角色，接受演讲的内容。同时，在幽默趣味的开场中不时发出一种与导入语语感、语意十分和谐的笑声。这轻松的一笑，不仅给听众以美的感受，而且能沟通演讲者与听众之间的感情。

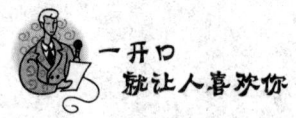

胡适在一次演讲时这样开头:"我今天不是来向诸君做报告的,我是来'胡说'的,因为我姓胡。"话音刚落,听众大笑。

这个开场白既巧妙地介绍了自己,又体现了演讲者谦逊的修养,而且活跃了场上气氛,拉近了演讲者与听众的距离,一石三鸟,堪称一绝。

# 学会讲故事

很多人都是听着故事长大的,对故事有着特殊的感情。在演讲中,要想调动听众的情绪、牢牢吸引听众的注意力,演讲者不妨以故事来贯穿演讲的始终。

故事具有连贯性和完整性,富有吸引力和感染力,它情节进程和思想内涵能够产生强烈的吸引力和深刻的启示力。如果我们在演讲时能插入一些小故事,就能增强语言的生动性和启发性。

有一次演讲比赛是以社会公德为主题。其中有两位演讲者的讲稿内容相似,这种情况对后一个演讲者来说很不利,是一个考验。但他却即兴构思了一个幽默故事,揭示自己演讲的主题,证实了自己的能力。他一边说,一边模仿着。

## 第八章　出口成章，我为演讲狂

"公共汽车上人很多，离车门很近的地方坐着一个健壮如牛的男人，他一直紧闭双眼，紧锁眉头，一副病态……这时，旁边有人问他：'哎，你怎么了，病了？'这位先生依旧闭着眼，回答说：'不。我没病，我是实在不忍心看着妇女和孩子站在我面前啊……'"

在听众的笑声之后，他便开始讲如何树立社会公德的问题。他对那个男人的内心世界的剖析，给听众留下了很深的印象。

演讲中，与其干瘪枯燥地高谈阔论，不如用精短简洁、生动感人的故事走进听众，启发大家思考。巧借故事不仅极大地调动了听众的情绪，而且还给听众留下了深刻的印象。

解海龙是希望工程的发起者之一，有一次他到北京21世纪学校去演讲。这是一所"贵族学校"，学生大都在养尊处优的环境中长大。还没等他开讲，台下孩子们便叽叽喳喳地聊天，像个麻雀窝。解海龙见情形不妙，大声喊了几句，仍然不见孩子们安静下来。于是，他招呼过一个老师，将电闸关掉。礼堂突然漆黑一片，学生们随之也安静了下来。这时候，解海龙啪的一声打开了幻灯机，银幕上顿时出现了那张有名的"大眼睛"照片。同学们正聚精会神之际，解海龙突然提问道："同学们，你们家里有没有照相机啊？"下面齐声回答："有！"解海龙又问："你们会不会照相？"部分同学又一齐回答："会！"这时解海龙便指着下面的一位同学问："请你说说看，照相有什么样的意义？"那同学起身回答说："照片可以留着做个纪念呀。"解海龙说："好！作为留念——那就请大家看看，老师给这些山里孩子们拍的留念照片吧！"然后，他每放映一张照片，就介绍一个有关失学儿童的故事，这样一来，既抓住了同学们的注意力，又营造出一种与演讲内容相适应的

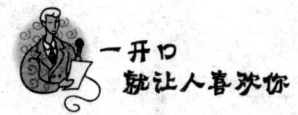

肃然气氛,使同学们很快进入"规定情景"之中,激发了他们对贫困学生的关注和同情心。

解海龙就是这样利用讲述照片来历的故事,制造出一种严肃安静的气氛,与听众形成情绪上的互动和共鸣。

在演讲中,演讲者使用穿插法,其作用除了要使事理说得更为形象、深刻外,还能调节会场的气氛,增加听众的兴趣,从而获得最佳的演讲效果。所以,那些老练成熟的演讲家往往都是对穿插法运用自如的行家。他们知道什么时候应该穿插些什么,也知道什么地方必须穿插什么,以此来增强演讲的效果。

## 巧用道具,让你的演讲更生动

演讲以讲为主,但也离不开表演的成分。我们知道,演讲的三个基本要素包括演讲者、听众以及环境。一般而言,在演讲中,这三个要素在演讲中所占的重要程度性分别是:看占75%;听占13%;闻、尝、触等占12%。由此可知,在一次演讲中,视觉效果不容忽视,如果演讲者在声情并茂地表达时,能够利用一些辅助道具,可以增加演讲效果。

1938年秋天,冯玉祥将军到湖南益阳县城向几百万人发表演讲,鼓

## 第八章　出口成章，我为演讲狂

励抗日。他引用《世说新语》中孔融所说的"岂见覆巢之下，复有完卵乎"的典故，运用实物进行演示。他左手握着一株小树，将一个草编的鸟窝放在树枝的枝丫间，鸟窝里有几个鸟蛋。他用小树比作国家，用鸟窝比作家庭，用鸟蛋比作个人，用握着小树的那只手比作捍卫国家的人。他说："先有国，然后才有家，才有个人的生命……我们的祖国遭到了日本帝国主义的侵略，我们都要用自己的双手保卫她，那就是起来抗日。如果不抗日——"说到这里，他手一松，树倒了，窝掉了，蛋碎了。

这里冯玉祥以树、鸟窝、鸟蛋等实物向听众展示，真切生动，增强了说服力。

从上面这个演讲中可以看出，演讲不仅是"讲"，还要"演"。演讲者借助一些辅助道具可以体现演讲者所述内容的真实感，增加说服力；可以强调演说内容，帮助听众了解并接受观点；可以吸引听众的注意力，加深印象，久而不忘。

演讲所用的道具，好比炒菜放的作料，该放哪种、要放多少都是有讲究的。在演讲中，我们所选用道具必须为演讲主题服务，否则只会"哗众取宠"，得不偿失。只有精心准备，把道具作为演讲的一种辅助手段，确保道具能对论证主题起到积极作用时，才能使得"佐料"恰到好处，为演讲增辉，进而收到良好演讲效果。

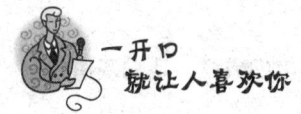

# 完美收尾,让听众记住你的演讲

结尾是演讲的重要组成部分,是显示一个人演讲艺术的重要环节之一。当一个优秀的演说者退席后,他最后所说的几句话将会在听众耳边回响,将被保持最长久的记忆。"余音绕梁"即是如此,因此结尾也须精心设计。结尾是走向成功的最后一步,说得好,能曲终奏雅,给听众留下美好而难忘的印象;说得不好,则会功亏一篑,令人失望和扫兴。因而这最后的部分也是演讲中最需要讲究策略的地方。

莎士比亚的名著《恺撒大帝》一剧里,伯鲁特斯对市民演讲他刺死好友恺撒全是为国为民时,是这样结尾的:

临了,我要告诉诸君一声:因为罗马帝国,我不得不刺杀我的好友恺撒,刺死恺撒的便是我,便是这把短剑。假使他日我的行动和恺撒一般,请诸君就用这把短剑来刺我吧!要是大家的行为也有和恺撒一样的,那么这把短剑,终是不肯饶过你的。请诸君认清这把短剑,请诸君认清卖国贼,认清爱国的好汉。

伯鲁特斯的结尾不过短短十几句话,却完全包括了他整个演讲的意思,而且表现出他的热情。

## 第八章　出口成章，我为演讲狂

演讲的结尾在整场演讲过程中非常重要，往往能起到画龙点睛的作用。俗话说得好："编筐编篓，重在收口。"演讲也讲究有始有终。精彩的结束语犹如与人话别，能促人深思，耐人寻味，给听众留下难以忘怀的印象。因此，在演讲的结尾要努力调动一切积极因素，把听众的情绪推倒最高的浪峰上，使听众情绪激昂，让听众在头脑中出现一个更为强烈的兴奋点，给听众以希望和信心，催听众团结向上，促演讲者的意境和听众的感情得到升华，形成说服和感染听众，并给听众以启迪的强烈效果。

正确结束演讲的方法是多种多样的，没有一种适合于任何特殊情况的通用方法。演讲者可根据自己演讲的具体时间、地点、主题、听者及自己个性等因素，选择适合于自己结束演讲的方法，使之有效地为自己演讲的思想和目的服务。

1. 幽默式结尾

在多种多样的演讲结束语中，幽默式结尾可算其中极有情趣的一种。一个演讲者能在结束时赢得笑声，不仅是自己演讲技巧十分成熟的表现，更能给演讲者本人和听众双方都留下愉快美好的回忆，也是演讲圆满结束的标志。那么，怎样才能达到这种效果呢？

我国著名作家老舍先生是非常幽默的。他在某市的一次演讲中，开头即说"我今天给大家谈六个问题"，接着，他第一、第二、第三、第四、第五，井井有条地谈下去。谈完第五个问题，他发现离散会的时间不多了，于是他提高嗓门，一本正经地说："第六，散会。"听众起初一愣，不久就欢快地鼓起掌来。

老舍在这里运用的就是一种"平地起波澜"的造势艺术，打破了正常的演讲内容，从而出乎听众的意料，收到了幽默的效果。

**2. 诗词式结尾**

诗词的气势是使演讲升华的最好工具,因为诗词气势磅礴,气吞山河。在结尾的时候我们适当地引入诗歌可以增强演讲的感染力,也给人一种回味无穷的感觉。

英国扶轮社的哈利罗德爵士,在爱丁堡大会上,是这样结束演讲的:

当你们回家之后,有些人会寄一张明信片来给我。就是你们不寄给我,我也要寄给你们每位一张,而且你们会很容易知道是我寄的,因为上面未贴邮票(众笑)。在上面,我要写一些字,是这样写着的:

季节自己来,季节又自己去。

你知道,世间一切都依时而凋谢。

但有一件却永远像露水一般绽放鲜艳,

那就是我对你们的仁慈和热爱。

这段诗正适合他全篇演讲的旨意,因此这段诗就用得非常恰当。

**3. 故事式结尾**

结束的时候讲一个有深意的故事,会让听众觉得你的演讲意犹未尽,利用故事的含义,升华演讲的全部内容,让别人深刻地体会演讲的内涵。

**4. 号召式结尾**

这方法对一些"使人信"(相信)和"使人动"(行动)的演讲来说,效果尤为显著。讲者通过对与听者有共同思想、共同愿望、共同利益和共同语言的某问题的阐述,使演讲达到高潮。然后,讲者利用一些感情激昂、动人心弦的讲演词对听者的理智和情感进行呼吁,并借助例如"为实现我们预定的目的而奋斗"等语言,向听者指明行动的具体步骤。这样,讲者实现了

## 第八章 出口成章，我为演讲狂

激励和感召听者的目的，听者马上就会明了讲者的意图和自己行动的具体方案。

在某企业竞聘副经理演讲时，一位演讲者在演讲结束时直截了当地向听众说：同志们，朋友们，请大家助我一臂之力投我一票吧，因为选我就等于选了你自己！（掌声热烈）

他的这一号召很管用，言语不多却亲切感人，如同一根魔棒一样触动了听众的心灵，使大家的心和他紧紧拴在了一起，因此取得了很好的效果。


5. 总结式结尾

在演讲结束时简洁、扼要地对自己已阐述的思想进行总结，帮助听者加深印象。这种结尾用极其精练的语言，对演讲内容和思想观点做一个高度概括性的总结，以起到突出中心、强化主题、首尾呼应、画龙点睛的作用。

在某大学中文系一次毕业生茶话会上，首先是系党总支书记讲话，三分钟的即兴讲话主要是向毕业生表示祝贺。然后是彭教授讲话，主题是希望同学们继续努力学习，还引用了列宁的名言。第三个讲话的潘教授朗诵了高尔基的《海燕》片段，以此勉励毕业生们学习海燕的精神。第四个讲话的系副主任希望同学们永远记住母校和老师们。紧接着，毕业生们欢迎王教授讲话。在毫无准备而又难以推辞的情况下，王教授站起来，先简单地回顾了数年来与同学们交往的几个难忘片段，最后一字一顿地说："前面几位已给大家提出了殷切的希望，可我还是喜欢说他们说过的话。(笑声)第一，我要祝同学们胜利毕业！(笑声)第二，我希望同学们'学习、学习、再学习'。(笑声)第三，我希望同学们像海燕一

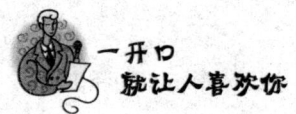

样勇敢地搏击生活的风浪。(笑声、掌声)第四,我希望同学们不要忘记母校,不要忘记辛勤培育你们的老师们!"

6. 提问式结尾

在演讲结尾时,演讲者向听众提出问题,甚至是一系列的问题,让听众进行思考。这样的结尾方式优点在于能更好地让观众参与到演讲中来,而且让人深入思考,做到以境感人。

一位年轻人在竞聘乡长演讲结束时说道:"大家知道,我是一名孤儿,是在党和乡亲们的关怀、培养下长大的。如果不当好人民的公仆,不把乡里的事办好,能对得起培养我的党吗?能对得起各位父老乡亲吗?

他的反问加强了他要当好乡长的语气,犹如一股强劲的风,吹动了听众的心,全场掌声一片。

# 第九章 小心雷区,有些话还是不说为妙

第九章　小心雷区，有些话还是不说为妙

# 看情况说话，别"哪壶不开提哪壶"

俗话说："打人不打脸，骂人不揭短。"在人际交往中，如果你想与他人友好相处，就要尽量体谅他人，维护他人的自尊，避开言语的"雷区"，千万不要戳人痛处。

有这样一则寓言：

说有位樵夫救了一只小熊，母熊对他感激不尽。有一天，母熊安排丰盛的晚宴款待了他。翌日早晨，樵夫对母熊说："你款待得很好，但我唯一不满意的就是你身上的那股骚臭味。"母熊虽不高兴，但嘴上却说："作为补偿，你用斧头砍我吧。"樵夫照它的话做了。若干年后，樵夫又遇到母熊，问："你身上的伤好了没有？""那次痛了一阵子，伤口愈合后，我就忘了。不过，那次你说的话，我一辈子也忘不了。"母熊回答说。

的确，没有人能彻底忘掉别人对他的侮辱，即使那个人曾经有恩于他，或者他们曾经是好朋友，所有这一切都无法弥补你在语言上对他人造成的伤害。说出去的话就好比泼出去的水，所谓"覆水难收"。因此，聪明人话到嘴边就要仔细思量，切记不可话出伤人，必须时时懂得"打人不打脸，揭人不揭短"的道理。

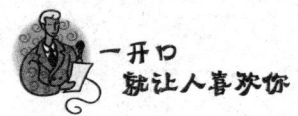

常言道:"人活脸,树活皮。"从心理学的角度讲,人人都有自尊心,维护自尊是人的天性。无论一个人的出身、地位、权势、风度多么傲人,也都有不能别人言及、不能冒犯的角落,这个角落就是人的"雷区"。要想与他人友好相处,就要尽量体谅他人,维护他人的自尊,避开言语"雷区",千万不要戳人痛处!

公元前592年,晋国大夫郤克在访问鲁国之后,又与鲁国的大夫季孙行父一起去齐国拜访。两人到达齐国领域后,又与卫国的使臣孙良夫,曹国的使臣公子首不期而遇。所以四位使臣结伴而行,一起到达了齐国的国都临淄。

非常凑巧的是,这四位使臣生理上都有一些缺陷:晋国的郤克只有一只眼睛,鲁国的季孙行父头上没长头发,卫国的孙良夫一条腿有残疾,曹国的公子先天驼背。齐顷公在接见了他们四位之后,回到后宫把这四个人的外貌对他母亲萧太后叙述了一番。萧太后好奇心特别重,非要去看一看不可。而齐顷公为了博得其母欢心,准备戏弄这四位使臣一番。他让人从城内找来一个只有一只眼睛的人,一个没有头发的人,一个腿脚不便的人和一个驼背的人,分别对号入座为四位来宾驭车,定于第二天到花园做客。上卿国佐谏曰:"国家之间的外交不是儿戏,人家朝聘修好而来,我们应该以礼相待,千万不要嘲笑人家。"可是齐顷公偏要仗着自己的国大兵强,别的国家对其无可奈何,遂不听劝告。

第二天,当四位使臣在四位齐国仆人的陪同下,经过萧太后居住的楼台之下时,萧太后与宫女们启帷观望,禁不住哈哈大笑。使臣们起初见给他们驭车的人也是与自己一样有缺陷的人,以为是偶然巧合,没有在意,等听到嘲笑声后才恍然大悟,原来齐顷公在戏弄他们。

四位使臣草草饮了几杯之后回到馆舍。当他们知道台上嬉笑的是国母后,不由得火冒三丈,我们好意来访,齐顷公竟把我们当笑料供妇人们开心,真可恨至极!于是四国使臣歃血为盟,对天起誓,决心协力同

## 第九章 小心雷区，有些话还是不说为妙

心，伐齐报仇。第二年，齐国借口鲁国归附晋国，出兵伐鲁，并顺手牵羊在卫国边境地区捞了一把。晋国为了保住霸主的地位，来了个新账旧账一起算，汇集四国军队大举伐齐，直打到临淄城下，直到齐国签订了盟约为止。

因"戏客"而引起了战乱，甚至差一点遭到亡国之祸，教训很深刻，也非常发人深省。

我们都知道，对让人失意之事应尽量地避而不谈。人人都有各自不同的成长经历，都有自己的缺陷、弱点，也许是生理上的，也许是隐藏在内心深处不堪回首的经历，这些都是他们不愿提及的"疮疤"，是他们在社交场合极力隐藏和回避的问题。被击中痛处对任何人来说都不是一件令人愉快的事。尤其是他人身上的缺陷，千万不能用侮辱性的语言加以攻击。无论是什么人，只要你触及了这块伤疤，他都会采取一定的方法进行反击。他们都想获求一种心理上的平衡。所以说，我们要极力避免说别人的短处，否则不仅使别人的尊严受到损害，而且还表现出你品德的缺点。

有一个连队配合拍电影，因故少带了一样装备，延误了拍摄。营长火了，当着全连战士的面批评连长说："你是怎么搞的，办事这么毛躁，要是上战场也能装备不齐？"连长本来就挺难过的，可营长偏偏当着自己的部下狠狠批评自己，心里自然觉得大失面子，于是不由分辩道："我没带是有原因的，你也不能不经过调查就乱批评！"营长一下蒙了，弄不懂平时服服帖帖的连长怎么会这样顶撞他。事后，在与连长谈心时，连长说："你当着那么多战士的面批评我，我今后还怎么做工作？"从这个事例中不难发现，假如营长是背后批评，连长不仅不会发火，还会虚心接受批评。营长错就错在说话没有注意时机和场合。

常言道："金无足赤，人无完人。"人人都会有缺点，都会犯一些错

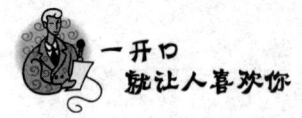

误。所以，我们在与人交谈或共事时，一定不能揭别人的底，或直接指其错误，拆别人的台。与人说话尽量要做到委婉，彼此互不拆台，使彼此之间相互了解、亲近，这样就能达到有效说话的目的，避免造成人际关系恶化。

## 别人的隐私，要么拒之门外，要么烂在肚里

每个人都是独立的个体，有他自己的思想和见解，也有权保留自己的秘密和隐私，尊重别人的隐私是对人最起码的尊重，也是体现我们修养的时候。

所谓个人隐私，是指一个人出于个人尊严或其他某些方面的考虑，而不愿被别人所知道的个人事宜。大家都知道，谁都不愿意把自己的错处或隐私在公众面前曝光，一旦被曝光，就会感到难堪或恼怒。

有一位大学男生自小有遗尿症，久治不愈，二十岁了还这样，内心十分苦恼。室友也都是知道他这个病，大家都很同情和理解他，从来没有人向室友之外的其他人说过。有一次，一位爱寻开心的室友，不知从哪儿来的邪念，当着同宿舍同学的面突然冒出一句："你们说这小子累不累，天天晚上绘地图，天天早上还得晒褥子，图个啥呀？你就不能憋着点？"

大家一听，忍不住起哄地大笑起来。那个患遗尿症的学生听了，脸色一下变得煞白，撒腿就跑了。

这个寻开心的同学把室友的缺点和隐私当作笑料说出来，使这个学生羞愧难当，当天就没有回来。害得大家找了半夜才在湖边找到他，原

## 第九章　小心雷区，有些话还是不说为妙

来他差点想不开要投湖自杀。

再回宿舍时他也总低着头，不敢看大伙，也不敢主动和大伙说话。那个开玩笑的同学也自觉失言，总觉得心里不是滋味。

每个人都有自己的秘密，都有一些压在心里不愿为人知的事情。在与人闲聊调侃中，哪怕感情再好，也不要去揭别人的短，把别人的隐私公布于众，更不能拿来当作笑料。如果不分场合、对象、环境和谈话内容，毫无选择、毫无顾忌地说别人的隐私或追问别人的隐私，都是很不理智的行为，同时也会造成别人的反感。

个人隐私是个人感的重要体现，没有个人感就没有个人隐私，没有个人隐私也就无所谓个人了。隐私之所以重要，在于它接纳了每个人私生活的合法性和独立性。个人隐私如同我们每个人的"内衣"，其中包含的绝大部分秘密属于生活中不可言说的部分。所以它不能与人随意分享。在人际交往中，无论是同性或者是异性间都应尊重他人，保护他人的隐私，不能强迫别人暴露。尊重、真诚、宽容、信任是人际交往中非常重要的原则。

张敏是一个聪明的人，很讨人喜欢，她之所以有很好的人缘，是因为自己懂得装聋作哑，而且有一张能够守口如瓶的嘴。同事们都爱跟她聊天，都不会担心聊过之后，她会泄露什么秘密。这样的倾听者再让人舒服不过了。

一次偶然的机会，张敏发现了一个秘密：已婚的老板居然跟秘书有地下情。

那天，张敏是约好朋友王丽在餐厅吃晚餐。当她们坐下不久，王丽发现张敏的目光注视了一会儿刚进门的一对男女，然后刻意地想要躲避他们。王丽仔细一看发现，那是张敏的老板和一个年轻的女孩，女孩很羞涩的样子，绝对不会是他的妻子。

王丽对张敏说，那不是你的老板吗？要不要过去跟他打个招呼？

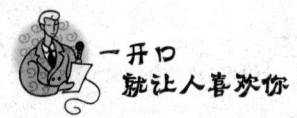

"嘘！别说话！"她按住王丽的手，小声对她说，"我们还是换个地方吃饭吧！"很显然，她不想让老板知道她看到了这一幕。

两个人悄悄地溜出餐馆，把更大的空间留给了张敏的老板和他的情人。

那天，王丽知道了张敏为什么会讨人喜欢，因为她知道哪些事情她应该感兴趣，哪些事情她不应该感兴趣。

由此可见，如果你想拥有良好的人际关系，你就要多给别人一些空间，克制住自己想知道的欲望，不要过于关注别人的隐私。

在与人交往的过程中，有些人总是克制不住自己的好奇心去问别人有关个人隐私的一些问题。这样做，不仅会让自己"碰钉子"，还会给双方的交谈蒙上一层尴尬的气氛。

王艳是某商场服装柜台的售货员，平时除了向顾客推销衣服之外，她最喜欢的事情就是打听别人的隐私。

有一次，隔壁柜台的小孙无意间向王艳透露了对面卖鞋柜台的娜娜是个未婚妈妈，而且孩子的爸爸不知道到哪里去了。从此，王艳有事没事就跑到娜娜那里去聊天，看似很关心地问孩子的近况。

刚开始，娜娜对王艳的关心还挺感谢，毕竟关心她的人不多。渐渐地，娜娜发现王艳越问越多，不仅问她是怎么跟孩子的爸爸认识的，还问她为什么孩子的爸爸不见了，究竟是什么原因。娜娜认为这是非常隐私的事情，就没有跟王艳说。王艳问了几次都无果之后，心生不满，就把娜娜的事情告诉了其他几个人。

娜娜怕自己的事情传得沸沸扬扬，赶紧把王艳叫过来，让她不要再多说。王艳对娜娜说："其实我也是关心你，不让我说也行，那你告诉我孩子的爸爸究竟为什么抛弃你们娘儿俩？"无奈的娜娜只能吞吞吐吐地说出一些内情，还别说，王艳还真的没有再出去宣扬娜娜的事情。但

第九章　小心雷区，有些话还是不说为妙

没过多久，王艳又开始问："那孩子的爸爸现在在干什么？你们还有联络吗？"娜娜见王艳越问越多，索性就不理她了，岂料王艳把这件事情弄得沸沸扬扬。

气愤不已的娜娜在后悔之余只能辞职离开这个是非之地。

其实，任何人都有其个人的隐私，都有其不想告人的秘密，所以在与人谈话时如发现对方对哪些话题不想透露的话，就不要再三追问，以免引起别人的反感。

不论多么亲密的人际关系，也应彼此保留一些空间。人们总以为亲密的人际关系似乎不应当有什么隐私可言。其实越是亲密的人际关系越是要尊重隐私。这种尊重表现为不随便打听、追问他人的内心秘密，也不随便向别人吐露自己的隐私。

## 不咄咄逼人，要得理饶人

在纷繁复杂的社会中，谁能保证自己不会和别人发生一些争论？谁又能保证自己事事、处处都占理？只要没有根本的利害冲突，即便自己占理，也应让人三分，见好就收是关键。这不仅可以化解矛盾，还能够让彼此加深理解、增进友谊，对于建立融洽和谐的人际关系起到促进作用。

有这样一个发生在餐厅里的故事：

"服务员！你过来！你过来！"一位顾客高声喊道，指着面前的

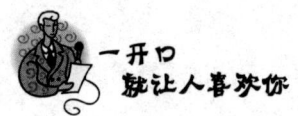

杯子，满脸寒霜地说："看看！你们的牛奶是坏的，把我一杯红茶都糟蹋了！"

"真对不起！"服务员一边赔着不是，一边微笑着说，"我立即给你换一杯。"

新红茶很快就准备好了，碟子和杯子跟前一杯一样，放着新鲜的柠檬和牛奶。服务员轻轻放在顾客面前，又轻声地说："我是不是能建议您，如果放柠檬就不要放牛奶呢？因为有时候柠檬酸会造成牛奶结块。"

那位顾客的脸一下子就红了，匆匆喝完茶，走出去。

有人笑问服务员："明明是他土，你为什么不直说他呢？他那么粗鲁地叫你，你为什么不还以颜色？"

"正是因为他粗鲁，所以要用婉转的方式对待；正因为道理一说就明白，所以用不着大声。"服务员说。

那个问话人同意地点了点头。

俗话说："饶人不是痴汉。"当双方的争论已到剑拔弩张的时候，占理得势的一方应当有"得饶人处且饶人"的风范，切忌穷追猛打、将对方逼入死胡同。那样不仅不能辩赢对方，反而会扩大矛盾冲突。

在我们的生活和工作中，并不是所有问题都值得去讨论，也不是任何话题都可以拿出来讨论。在有些情况下，因为个人的性格、兴趣和偏好不同，对问题的看法也不相同。这时如果去引发一场讨论，那一定没有任何结果，也毫无意义，这样做只能是浪费时间。确实非争不可时，也要适可而止，见好就收，如果一意孤行，争论到底，则不会有什么好结果。

公共汽车上人很多，一个年轻小伙子不小心踩到了一位老大爷的脚，老大爷脾气不好，张口就来："你说你这么大一小伙子，欺负我这么大岁数的人干什么？"

## 第九章　小心雷区，有些话还是不说为妙

小伙子本来刚开始是想说一句抱歉，可老大爷的话实在让他反感，愧疚的心理马上无影无踪，他按捺了半天说："踩了就踩了，可我什么时候欺负您了啊？"

老大爷更不高兴了，说道："得得得，现在的年轻人都不学好。我看你那样儿，监狱里刚放出来的吧？"

这下小伙子可火了："你这人怎么说话呢？"说完就要往前冲。这下车里的人左劝右劝，好不容易才让他俩消了气。

老大爷的说法就是典型的"得理不饶人"，本来只是小事一桩，可是为这么一点小事斤斤计较，让他自己显得很刻薄，不但形象大打折扣，还害得双方心里都不痛快，何苦呢？

在现实生活中，有不少冲突都是由于一方或双方纠缠不清或得理不饶人，一定要小事大闹，争个胜负，结果矛盾越闹越大，事情越搞越僵。这时应该学学"难得糊涂"的心态，在这些小事上，没有必要那么清楚明白，注意自己的言行，不妨糊涂一下，得理也要让三分，用宽容之心待人。所以说，"得理饶人"不失为一种成功的处世方式。

曾经有一位德高望重的老人受邀请参加素宴。席间，满桌精致的素食中，有一盘菜里竟然有一块猪肉，老人的随从故意用筷子把肉翻出来，打算让主人看到。没想到老人立刻用自己的筷子把肉掩盖起来。一会儿，随从又把猪肉翻出来，老人又再度把肉遮盖起来，并在随从的耳畔轻声说："如果你再把肉翻出来，我就把它吃掉。"随从听到后再也不敢把肉翻出来了。宴后老人辞别了主人，回家归途中，随从不解地问老人："刚才那厨师明明知道我们不吃荤的，为什么把猪肉放到素菜中？我只是想让宴会主人知道，处罚处罚他。"而那位老人就对他的随从说："每个人都难免会犯错误，无论是有心还是无心，如果让宴会主人看到了菜中的猪肉，一气之下可能当众处罚厨师，甚至会把厨师辞

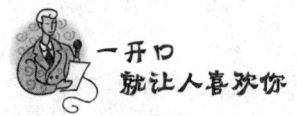

退,这都不是我愿意看见的,所以我宁愿把肉吃下去。"

由此可见,宽恕别人的过错,有容人之量,适时地放对方一马,会使事情更加圆满地解决。

人人都有自尊心和好胜心,在生活中,大部分人一旦陷身于争斗的旋涡,便不由自主地焦躁起来,有时为了自己的利益,甚至是为了面子,也要强词夺理,一争高下。一旦自己得了"理",便绝不饶人,非逼得对方鸣金收兵或自认倒霉不可。然而这次"得理不饶人"虽然让你吹着胜利的号角,但也成了下次争斗的前奏。因为这对"战败"的对方也是一种面子和利益之争,他当然要伺机"讨"还。其实,在这种时候,对一些非原则性的问题,我们何不主动显示出自己比他人更有容人之雅量呢?所以说,得理也让三分,是一种做人做事的大智慧,谁能做到这一点,谁就能少些麻烦,多些顺畅。

## 不要乱开玩笑,否则会惹人反感

常言道:笑一笑,十年少。和朋友谈话时,开个得体的玩笑,相互取乐,说话不受拘束,原是一件让人高兴的事。不但可以松弛神经,活跃气氛,还能够创造出一个适于焦急的轻松愉快的环境。不过有些人却自以为聪明,随意开玩笑,使朋友不快。

几个朋友在一起聊天,一位身材特别"苗条"的男同伴喜欢开玩笑,他一时心血来潮,想要制造一个笑话,逗大家乐一乐。他便指着旁

## 第九章 小心雷区，有些话还是不说为妙

边一个特别胖的姑娘说："你可越长越'苗条'了，可惜我们国家没有相扑运动，不然，你准是一号种子选手！"

他的话逗得大家哈哈大笑。可是这位姑娘正为自己不断发胖而苦恼，朋友当着大伙的面拿自己取笑开心，她脸上挂不住了，感觉自己的自尊心被严重糟蹋，岂能忍受？她立即翻脸说："我胖怎么了，没吃你没喝你，你操哪门子心！你也不照照镜子瞧瞧自己，瘦得像根芦柴棒！"说完起身离开，独自走了。

生活中，不少年轻人也会犯下这样的错误，自以为开的玩笑无伤大雅。但是，如果对方是个比较敏感的人，就会把你的"玩笑"看作对自己的嘲笑而怀恨在心，以致毁了两个人的友谊，使关系变得紧张。所以，开玩笑要掌握好尺度，否则不但达不到良好的效果，还会让人尴尬，这样的玩笑不如不开。

刘亮和妻子结婚两个月，就生了一个小孩，邻居们赶来祝贺。刘亮的一个要好的朋友吉米也来了。他拿来了自己的礼物——纸和铅笔，刘亮谢过了他，并且问："哥们儿，给这么小的孩子送纸和笔，不太早了吗？"

"不。"吉米说，"你的小孩儿太性急。本该九个月后才出生，可他偏偏两个月就出世了，再过五个月，他肯定会去上学，所以我才给准备了纸和笔。"

吉米的话刚说完，全场哄然大笑，令刘亮夫妇无地自容。

其中的原因不说自明。说者无心，听者有意，吉米的玩笑明显道出了刘亮妻子未婚先孕的隐私，这样令大家都处于尴尬的局面。一般来讲，开玩笑是为了达到一种令人回味无穷的幽默效果，但有人开玩笑时侵犯了别人的隐私，这就实在太过分了。

从上面的事例可以看出，玩笑不是不分场合、不分对象地胡乱调侃，一

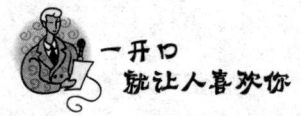

定要掌握好度。否则，你的玩笑就有可能会变成嘲笑。因此在与他人开玩笑时，要讲究一点分寸。

1. 不要板着脸开玩笑

到了幽默的最高境界，往往是幽默大师自己不笑，却能把别人逗得前俯后仰。如果你达不到这种境界，那你就不要板着面孔与别人开玩笑，免得引起不必要的误会。

2. 开玩笑要看时机

俗话说："人逢喜事精神爽。"开玩笑最好选择在对方心情舒畅时，或者当对方因小事生气时，通过开玩笑把对方的情绪扭转过来。

3. 开玩笑要分清对象

俗话说："人上一百，形形色色。"人的性格不同。开玩笑之前，你先要注意你所面对的对象是否能受得起你的玩笑。同样一个玩笑，能对甲开，不一定能对乙开。人的身份、性格、心情不同，对玩笑的承受能力也不同。

一般来说，后辈不宜同前辈开玩笑；下级不宜同上级开玩笑；男性不宜同女性开玩笑。

在同辈人之间开玩笑，则要掌握对方的性格情绪信息。对方性格外向、能宽容忍耐，玩笑稍微过大也能得到谅解。对放性格内向，喜欢琢磨言外之意，开玩笑就应该慎重。尽管对方平时生性开朗，但正好碰上不愉快或伤心事，就不能随便与之开玩笑。相反，对方性格内向，但正好喜事临门，此时与他开个玩笑，效果会出乎意料得好。

4. 不要拿别人的缺点或不足开玩笑

一定不要拿别人的缺点或不足开玩笑。如果你随意取笑别人的缺点，则容易让对方觉得你是在冷嘲热讽。如果对方是个比较敏感的人，那么你一句无心的话就可能触怒对方，使彼此的关系变得紧张。一定要注意，这种玩笑话一旦说出去，就无法收回，也无法郑重地解释。到那个时候，再后悔也来不及了。要记住"群居守口"这句话，不要祸从口出，否则你后悔莫及。

开玩笑是生活的一支润滑剂，它能让人身心愉悦，让人忘记疲劳，也是

第九章 小心雷区，有些话还是不说为妙

增进人与人情感的一种方式，但一定要记住：开玩笑要看玩笑对象、时间、场合环境和玩笑的内容，开玩笑一定要把握分寸，这个度把握好了，相信你一定是个大家都喜欢的人。

## 提高说话质量，尽量通俗易懂

通俗易懂地说话是提升说话质量的重要途径，也只有如此才能达到说话的目的。如果你说的话别人都不能很好地理解或者不能记住，那你所说的就不能起到任何作用了。

有一个秀才去买柴，他对卖柴的人说："荷薪者过来！"卖柴的人听不懂"荷薪者"（担柴的人）三个字，但是听得懂"过来"两个字，于是把柴担到秀才前面。

秀才问他："其价如何？"卖柴的人听不太懂这句话，但是听得懂"价"这个字，于是就告诉秀才价钱。

秀才接着说："外实而内虚，烟多而焰少，请损之。（你的木材外表是干的，里头却是湿的，燃烧起来会浓烟多而火焰小，请减些价钱吧。）"卖柴的人因为听不懂秀才的话，于是担着柴就走了。

故事中秀才的生活环境和文化修养显然与卖柴人有很大的差异，而秀才在与卖柴人沟通的时候，却用了很多书面语言，这些语言完全与卖柴人的语言环境没有交集。因此，秀才每讲一句话都会让农夫费解半天，所以最后，

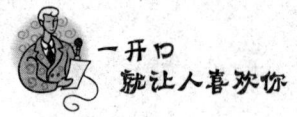

双方的交易无果而终也就是顺理成章了。

现实生活中,我们也会遇到这样的事情。表达不清楚,语言不明白,对方听不懂你说的话,就可能会产生沟通障碍。

有一个采购员被受命为办公大楼采购大批的办公用品,结果在实际工作中碰到了一种过去从未想到的情况。首先使他大开眼界的是一个营销信件分报箱的营销员。这个采购员向他介绍了他们每天可能受到的信件的大概数量,并对信箱提出一些要求,这个营销员听后脸上露出了不凡的神气,考虑片刻,便认定这个采购员最需要他们的CSI。

"什么是CSI?"采购员问。

"怎么?"他以凝滞的语调回答,内中还夹着几分悲叹,"这就是你们所需要的信箱。"

"它是纸板做的、金属做的,还是木头做的?"采购员问。

"噢,如果你们想用金属的,那就需要我们的FDX了,也可以为每一个FDX配上两个NCO。"

"我们有些打印件的信封会很长。"采购员说明。

"那样的话,你们便需要用配有两个NCO的FDX转发普通信件,而用配有RIP的PLI转发打印件。"

这时采购员稍稍按捺了一下心中的怒火:"小伙子,你的话让我听起来十分荒唐。我要买的是办公用品,不是字母。如果你说的是希腊语、亚美尼亚语或英语,我们的翻译或许还能听出点门道,弄清楚你们的产品的材料、规格、使用方法、容量、颜色和价格。"

"噢。"他开口说道,"我说的都是我们的产品序号。"

最后这个采购员运用律师盘问当事人的技巧,费了九牛二虎之力才慢慢从他嘴里搞明白他的各种信箱的规格、容量、材料、颜色和价格。

在沟通中,很多人也许因为习惯,也许因为想让别人觉得自己有才华,

## 第九章 小心雷区，有些话还是不说为妙

而过多地运用了一些专业术语。在听的人看来，他们不知道你在说什么，听不懂你的意思，就很容易让沟通陷入了僵局。所以，如果我们一定要说一些专业术语，则可以用简单的话语来进行转换，或者在专业术语后面加上解释，让人听后能够明白，这样才会达到有效沟通的目的。这也是值得我们特别注意的一点。

生活中，人们有不同的年龄、教育和文化背景，这就可能使他们对相同的话产生不同理解。另外，由于专业化分工不断深化，不同的人都有不同的"行话"和技术用语。如果你注意不到这种差别，以为自己说的话都能被其他人准确地理解，就达不到有效沟通的目的。因此，我们应该选择人们易于理解的词汇，使信息更加清楚明确，使沟通更顺畅。

> 有一位医生在一个健康知识讲座上解释横膈膜的时候是这样说的："横膈膜是这样一种东西，如果它被用来呼吸的话，将会明显地帮助肠子的蠕动，而这对你的健康有很大的好处。"结果没有一个人听懂他的话。于是，那位医生重新作了一番解释。
>
> "横膈膜实际上是一种非常薄的肌肉，它的位置在胸腔底部和腹腔顶部之间，它会随着胸腔和腹腔的呼吸而变化。当胸腔呼吸的时候它会被压缩，就像一只倒置的洗刷盆；而当腹腔呼吸时，它就会被往下推，使它成一个平面，而此时肠胃会受到挤压。而它的这种向下的推力，会按摩和刺激腹腔的上部器官，比如胃、肝、胰等。当人们呼气的时候，胃和肠又往上推压横膈膜，这样的话，就相当于做第二次按摩。这种按摩有助于人体排泄。许多人的身体不舒服，主要是因为肠胃不适，而一旦我们的肠胃因为横膈膜的按摩而得到适当的运动，那么大部分的不舒服都会消失。"这一次，大家都听懂了他的话。

通俗易懂的语言最容易被大众所接受。无论你的话多么动听、内容多么重要，沟通最起码的原则是对方能听得懂你的话。所以，在与人沟通的过

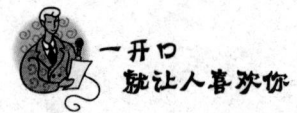

程中，我们要多用通俗化的语句，要让对方听得懂。如果对方听不懂你的方言，你要尽量用普通话；对方不明白你讲的术语或名词时，要转换成对方熟悉的、理解的语言等。

总之，用对方听得懂的语言进行沟通，是沟通成功的保障。不要简单地认为所有人都和自己的认识、看法是一致的。对待不同的人要采取不同的模式，要用别人听得懂的"语言"进行沟通。

## 不要与人进行不必要的争论

生活中，很多人喜欢争辩，对一个问题、一个观点争得脸红脖子粗，大有针尖对麦芒之势。或许一时争论的胜利会让你觉得占了上风，但实际上你还是没有达到目的。为什么？如果你的胜利使对方的论点被攻击得千疮百孔，证明他一无是处，那又怎么样？你会觉得扬扬得意；但对方呢？他会自惭形秽，你伤了他的自尊，他会怨恨你的胜利。而且一个人即使口服，但心里并不服。因此，争论是没必要的，甚至连最不露痕迹的争论也要不得。如果你老是抬杠、反驳，即使偶尔获得胜利，却永远得不到对方的好感。所以，真正赢得胜利的方法不是争论，而是不要争论。

一天，几个人冲进美国总统的办公室，向他提出一项抗议。

为首的是一位议员。他的脾气很大，开口就用难听的话咒骂总统。

而总统却显得异常平静，他知道，现在做任何解释都会导致更激烈的争吵，这对于坚持自己的决定很不利。他一言不发，默默地听这些人叫

## 第九章　小心雷区，有些话还是不说为妙

嚷，任他们发泄自己的怒气。直到这些人都说得筋疲力尽了，他才用温和的口气问："现在你们觉得好些了吗？"

那个议员的脸立刻红了，总统平和而略带讥讽的态度，使他觉得自己好像矮了一截，他仿佛觉得自己粗暴的指责根本站不住脚，而总统可能根本就没错。

后来，总统开始向他解释自己为什么要做那项决定，为什么不能更改。这位议员并没完全听懂，但他在心理上已经完全服从总统了。

他回去报告交涉结果时，只是说："伙计们，我忘了总统所说的是些什么了，不过他是对的。"

总统凭着他的自制力在心理上打了一个胜仗。

争辩不能起到任何作用。当人们面红耳赤地争辩时，说起话来就会不管不顾，也忘了是否会伤害到对方。所以，遇到争论时，你最好能尽量忍在心里，不要爆发，用理智来抑制激情，这样才能使大事化小，小事化无，达到自己的目的。

有一天晚上，卡尔参加一次宴会。宴席中，坐在卡尔右边的一位先生讲了一段幽默笑话，并引用了一句话，意思是"谋事在人，成事在天"。

他说那句话出自《圣经》，但他错了。卡尔知道正确的出处，一点疑问也没有。

为了表现出优越感，卡尔很讨嫌地纠正他。那人立刻反唇相讥："什么？出自莎士比亚？不可能，绝对不可能！那句话出自《圣经》。"他自信确定如此！

那位先生坐在右首，卡尔的老朋友弗兰克·格蒙在他左首，他研究莎士比亚的著作已有多年。于是，他们都同意向格蒙请教。格蒙听了，在桌下踢了卡尔一下，然后说："卡尔，这位先生没说错，《圣经》里

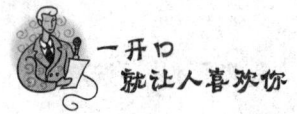

有这句话。"

那晚回家路上,卡尔对格蒙说:"弗兰克,你明明知道那句话出自莎士比亚。"

"是的,当然。"他回答,"《哈姆雷特》第五幕第二场。可是亲爱的卡尔,我们是宴会上的客人,为什么要证明他错了?那样会使他喜欢你吗?为什么不给他留点面子?他并没问你的意见啊!他不需要你的意见,为什么要跟他抬杠?应该避免这些毫无意义的争论。"

人生之中,何必事事都要去争论,以赢取那无谓的胜利。但在时下这个喧嚣的社会,有太多人愿意参与到这样无休止的争论中去,发表一些自以为是的观点,可结果呢,也许一辈子也没有结果。更重要的是,这样做对你毫无意义,不但为自己树立了敌人,对你的人生也没有任何助益。正如睿智的本杰明·富兰克林所说的:"如果你老是争辩、反驳,也许偶尔能获胜,但那是空洞的胜利,因为你永远得不到对方的好感。"

是的,永远不要与人进行无意义的争辩,那只会引起别人的反感。如果你与人争辩的动机是出于想要证明自己是对的、为自己辩白,或赢得听众的信服,那么你的行为太自私了,永远不会得到别人的欢迎。

所以,当你们要与人争辩前,不妨先考虑一下,我你到底要什么呢?一个是毫无意义的"表面胜利",一个是对方的好感。

古语说:"用争夺的方法,你永远得不到满足,但用让步的方法,你可能得到的比你期望的更多。"聪明人明白,避免争论能得到更大的利益。

第九章　小心雷区，有些话还是不说为妙

# 把话说到点子上，不要喋喋不休

在人际交往中，你是否会有这样的感觉，当你和一个人说话时，你总是觉得对方没有在听你说话或是听得一头雾水。这说明你说话没有说到点子上，只有把话说到关键处，说到位，这样对方才会感受到你说话的分量，才会对你所说的话有所反应和关注。

讲话讲到点子上不是一件容易的事，因为把一项任务、一件事情、一个问题用最简洁、最精练的话说出来，没有严密的逻辑、清晰的思路，是很难做到的。

说话说到点子上，就是要言简意赅。即主题突出、准确、透彻、明了，一针见血、一语中的。要达到什么目的，说明什么问题，表扬或批评什么人和事，表达什么样的感情，要求别人做什么、不做什么，都要讲得清清楚楚、明明白白，不能让听众听了如坠入云雾中，丈二和尚摸不着头脑。

专门从事将新设计的草图卖给服装设计师和生产商这一工作的维森先生，最近遇到了一个麻烦。他想要推销商品的对象似乎是一个软硬不吃的服装设计师，他的名字叫华尔。维森之前从没有遇到过这么难缠的顾客，但是，为了证明自己的实力，而且这笔业务确实能够带来不菲的收入，维森决定不达目的决不善罢甘休。他一次又一次地出现在那位服装设计师面前，向他谈及这份草图的设计多么的出色，而且款式新颖、典雅大方。他希望用自己的诚心来证明这份草图的设计确实是出色的。

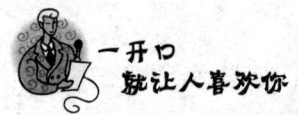

但是，收效甚微。一天，当他再次出现在华尔面前的时候，华尔终于忍不住说："亲爱的维森，我还是不能赞同你的观点，所以，我仍然决定不买你的草图。还有，恕我直言，我觉得你这种喋喋不休的推销方式实在是很失败，而且我一直以来就很反感。"

当维森在听到华尔说自己喋喋不休的推销方式令对方很反感时，维森深受打击，因为他一直以来就是这么推销的。但是他告诉自己，不能放弃，算起来他已经来过150次了。于是，他决定改变一下他的策略。

第二天，他夹着几张还没设计完的草图，对华尔说："华尔先生，我想请您帮个忙。我这里有几张草图，您能不能修改一下，以使它们符合要求？"

华尔狐疑地看了维森一眼，说："你放在这里吧，有时间我会看的。"

三天后，华尔打电话叫维森过去，他已经完成了修改。结果可以预料，通过这个方法，维森已经成功地使华尔购买了这些设计草图，因为这些东西里有华尔自己的心血。

很明显，维森后来的方法是十分高超的，当然在这里并不是要向大家说他高超的推销方式，而是我们可以从中看到：喋喋不休确实不是好的方法。

美国总统哈里·杜鲁门一生中最推崇简洁的语言，他曾说过："一个字能说明问题就别用两个字。"所以，最会说话的人不是口若悬河、滔滔不绝的雄辩之士，而是那些善于把话说到"点子"上的人。这样的人才是真正懂得语言技巧的人，他们懂得用最简单的语言把意思表达到位，懂得在最短的时间内把话说到点子上。

简洁能使人愉快，使人喜欢，使人易于接受。说话冗长累赘，会使人茫然，使人厌烦，而你则会达不到目的。简洁明了的语言一定会使你事半功倍。所以，我们在说话的时候要追求的是用最凝练的话语来表达尽可能丰富

## 第九章 小心雷区，有些话还是不说为妙

的意思。

在第二次世界大战期间，美国担心日本夜间空袭，于是政府部门颁布了灯火管制命令："务必做好准备工作。凡因内部或外部照明而显示能见度的所有联邦政府大楼和所有联邦政府使用的非联邦政府大楼，在日军夜间空袭时都应变成漆黑一片。可通过遮盖灯火结构或终止照明的办法实现这种黑暗。"

当富兰克林·罗斯福获悉这项指令后，他换上了自己的命令："要求他们在房屋里工作时必须遮上窗户；不工作时，必须关掉电灯。"

哪一种说法听起来更有说服力呢？第一个命令废话连篇，给听者增加了理解的负担，只有在删掉那些官方文字后才能明白这条命令。而罗斯福的话则简短明了，并以谈话的方式表达。更妙的是，罗斯福通过这种方式使这条命令更加具有活力。

不言则已，言必有中。事实上，说话的关键并不在于你用多么高深的长篇大论使对方崇拜自己，而在于将你要告知的信息准确地传递到对方心中，即便语言朴实无华，只要你观点论述正确，表述有条不紊，那么你的谈话定能直通对方心中。

有句话说得好："吹笛要按到眼儿上，敲鼓要敲到点儿上。"会说话的人往往会给听者提供大量的思想火花。就像很多时候，话并不在于字的多少，而在于准确度与精确度如何。如果你能句句说到点子上，句句说到人的心坎里，那么你的语言自然就会着重出彩。

其实，真正打动人心的语言往往不是长篇大论，而是那些简洁有力的话语。所以，人们在谈话时应遵循简洁的原则，甚至要"惜字如金"。

古语云："言不在多，达意则灵。"语言是传递信息和交流思想的工具，思想工作的技巧和表现手法主要体现在语言的运用上。要语不繁，字字

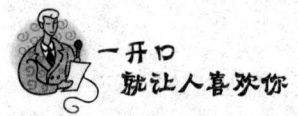

珠玑，简练有力，能使人不减兴味；冗词赘语，絮絮叨叨，必令人生厌。因此，和别人交谈，说服别人时，要"筛选""过滤"出最精辟的、恰如其分的表情达意的语句，尽可能以简洁的语言表达出深刻的内涵。这样才可能更快、更准地说服别人，取得说服的成功。

若是满嘴跑火车、词不达意，那么说得再多也无济于事，反倒让人生厌。话不在多而在精，一个会说话的人往往语言精练，句句都说到别人心里；不会说话的人总是语无伦次，话说不到点子上。所以，话不在多而在精，精练的语言往往更能打动人心。